暨南文库·新闻传播学 **1**

JINAN Series in Journalism & Communication

老范看传媒（三）

传媒未来发展篇

泛内容变现
未来传媒商业模式探研

范以锦　刘芳儒　聂　浩　著

暨南大学出版社
JINAN UNIVERSITY PRESS

中国·广州

图书在版编目（CIP）数据

泛内容变现：未来传媒商业模式探研/范以锦，刘芳儒，聂浩著. —广州：暨南大学出版社，2019.12
（暨南文库. 新闻传播学）
ISBN 978 - 7 - 5668 - 2798 - 2

Ⅰ.①泛…　Ⅱ.①范…②刘…③聂…　Ⅲ.①传播媒介—商业模式—研究　Ⅳ.①G206.2

中国版本图书馆 CIP 数据核字（2019）第 272704 号

泛内容变现：未来传媒商业模式探研
FANNEIRONG BIANXIAN：WEILAI CHUANMEI SHANGYE MOSHI TANYAN
著　者：范以锦　刘芳儒　聂　浩
· ·

出 版 人：徐义雄
项目统筹：黄圣英
责任编辑：郑晓玲　姜琴月
责任校对：黄　颖　林玉翠
责任印制：汤慧君　周一丹

出版发行：暨南大学出版社（510630）
电　　话：总编室（8620）85221601
　　　　　营销部（8620）85225284　85228291　85228292（邮购）
传　　真：（8620）85221583（办公室）　85223774（营销部）
网　　址：http：//www.jnupress.com
排　　版：广州尚文数码科技有限公司
印　　刷：广州市快美印务有限公司
开　　本：787mm×1092mm　1/16
印　　张：8.375
字　　数：140 千
版　　次：2019 年 12 月第 1 版
印　　次：2019 年 12 月第 1 次
定　　价：32.00 元

总　序

···　···

　　如果从口语传播追溯起，新闻传播的历史至少与人类的历史一样久远。古人"尝恨天下无书以广新闻"，这大约是中国新闻传播活动走向制度化的一次比较早的觉醒。

　　消息、传闻、故事、新闻、报道，乃至愈来愈切近的信息、传播、大数据，它们或者与人们的生活特别相关、比较相关、不那么相关、一点也不相干，或者被视为一道道桥上的风景、一缕缕窗边的闲情抑或一粒粒天际的尘埃，转眼消失在风里。微观地看，除了极少数的场景外，新闻多一点还是少一点，未必会造成实质性的差别；本质地看，人类作为社会性的动物，莫不以社会交往，包括新闻传播的存在和丰富化为前提。

　　这也恰好是新闻传播生存样态的一种写照——人人心中有，大多笔下无。它的作用机制和内在规律究竟为何，它的边界究竟如何界定，每每人见人殊。要而言之，新闻传播学界其实永远不乏至为坚定、至为执着的务求寻根问底的一群人。

　　因此人们经常欣喜于新闻传播学啼声的清脆、交流的隽永，以及辩驳诘难的偶尔露峥嵘。重要的也许不是发现本身，而是有越来越多的研究者参与其中，或披荆斩棘，或整理修葺。走的人多了，便有了豁然开朗。倘若去粗取精，总会雁过留声；倘若去伪存真，总会人过留名。

　　走的人多了，我们就要成为真正的学术共同体，不囿于门户之见，又不息于学术的竞争。走的人多了，我们也要不避于小心地求证、深邃地思考，学而不思则罔。走的人多了，我们还要努力站在前人、今人的肩膀上，站得更高一些，看得更远一些。

　　这里的"我们"，所指的首先是暨南大学的新闻传播学人。自1946年起，创系先贤、中国第一位新闻学博士、毕业于德国慕尼黑大学的冯列山先生，以及上海《新闻报》总经理詹文浒先生等以启山林，至今弦歌不辍。求学问道的同好相互砥砺，相互激发，始有本文库的问世。

"我们"，也是沧海之一粟。小我终究要融入大我，我们的心血结晶不仅要接受全国同一学科学术共同体的检验，还要接受来自新闻、视听、广告、舆情、公共传播、跨文化传播等领域的更多读者的批评。重要的不完全是结果，更多的是过程。在这一过程中我们特别关注以下剖面：

第一，特定经验与全球视野的结合。文库的选题有时是从一斑窥起，主要目标仍然是研究中国全豹，当然，我们也偶或关注印度豹、非洲豹和美洲豹。在全球化时代，我们的研究总体会自觉不自觉地增添一些国际元素。

第二，理论思辨与贴近现实的结合。犹太谚语云"人类一思考，上帝就发笑"，或许指的是人力有时而穷，另外一种解释是万一我们脱离现实太远，也有可能会堕入五里雾中。理论联系实际，不仅是哲学的或革命的词句，也是科学的进路。

第三，新闻传播与科学技术的结合。作为一个极具公共性的学术领域，新闻传播的工具属于拿来主义的为多。而今，更是越来越频繁地跨界，直指5G、云计算、人工智能等自然科学的地盘。虽然并非试图攻城拔寨，但是新兴媒体始终是交叉学科的前沿地带之一。

归根结底，伟大的时代是投鞭击鼓的出卷人，我们是新闻传播学某一个年级某一个班级的以勤补拙的答卷人，广大的同行们、读者们是挑剔犀利的阅卷人。我们期望更多的人加入我们，我们期望为知识的积累和进步贡献绵薄的力量，我们期望不辜负于这一前所未有的气势磅礴的新时代！

编委会

2019 年 12 月

"老范看传媒"三部曲总序

····· ·····

"老范看传媒"三部曲出版，嘱我作序。

作为南方报业范社长的老部下，暨南大学新闻与传播学院范院长的新门生，传媒人转型路上的追随者，我对于传媒前行与转型的复杂路况、曲折路径和运行轨迹，十年颠簸与奔波中有切身切肤之感受。一路上见过不少名师，"老范看传媒"最大的优势和独特的魅力在于，老范一直就在传媒转型的路上、车上。如今老范集五十年从业从教之修为、十余年实时实地研究之实力，推出传媒事件回顾透析、现实传媒现象思考、未来传媒趋势探讨三部系列论著，在前线、在前沿、在前端，有实况、有实战、有实验，有范例、有范本、有范式，对于仍在转型路上的传媒业和传媒人来说，在感同身受中应有所启迪。

"老范看传媒"三部曲，一分为三、三位一体，能够同时做到这三点并不容易。在业界时老范就在南方前沿，转入学界仍是离实践一线最近的研究者、观察者、参与者，是学生眼中的良师益友，而且依然是业界经常关注的传媒人物。集学界、业界两栖于一身的老范，其丰富的阅历和资历体现在他前期出版的《南方报业战略》和《新闻"微"茶座》两书中，而现在出版的这三本著作是在这基础上的延伸。三本著作各自独立又合为一个整体，三路并进中各有特色、各展所长，三维观照中互为呼应、互相贯通。具体来说，对十年来的传媒事件的前线观察，在第一部著作中按照年度精心划分，有传媒事件的回顾和点睛之笔的关键词，有实地观察和实时的透视，一册在手，历历在目。对传媒现象的前沿思考，在第二部著作中得到了系统性的呈现，传媒多年来的责任与坚守、改革与创新、传承与奋进，情理之间，娓娓道来。对传媒未来发展的前瞻分析，在第三部著作中进行了集中阐释，特别是在行业生态、内容形态变迁史的有力支撑下，坚守之道与突围之路，在泛内容理念的统合下，环环相扣，呼之欲出。

新的传媒地图和坐标系，需要新的导航系统。已有的经验肯定不够用甚至用不上了，陈旧的模式肯定不能用甚至成了包袱，固有的思维框架面临着自我挑战甚至必须颠覆。需要实时实地跟踪研究，而不是历时过时的马后炮；需要共时同步协同研究，而不是做隔空蹈空的旁观者。两张皮、两分开、两不靠，尤其在传媒这个行业，是业界与学界都应克服的弊端，甚至是这个行业最致命的缺陷。新闻与传播学、新闻传播学、新闻学与传播学，不管怎么叫、怎么看，都是文科中的工科、显学中的后学、大学中的小学，既不存在没有业界的学界，也不存在没有哲学社会科学甚至信息技术科学等上游学科体系支撑的传媒业以及相应的学科。如何不脱离实践应用、不游离于现实现场，学与用、道与术如何一体化，"老范看传媒"这一研究成果，作为学界自觉的实践和行动，就是在努力让"新闻与传播"这个新文科更好地串起来、动起来。

新的导航系统必定是三维的，而且需要不断升级。范式的流变、范本的跟踪、范例的迭代，传媒人感受到的转型之痛，不再是同行同业的直接竞争，更多的是跨界跨域的冲击与挑战，以及边界越来越模糊的消解与融合。学科体系、学术体系、话语体系的重建重构，显得愈发紧迫而困难重重，靠"洋八股"不行，靠"土八路"也不行。新闻与传播作为新文科而更像新工科的一个重要原因，是信息技术带来的巨大变化：有线、无线，在线、离线，都是联结方式，都是生活状态，都是生命形态，都是生存姿态。越来越一体而非对立的，除了学习与游戏、职业与业余、生产与消费、正餐与零食、通用与定制、共享与独有，还有当下与未来、现实与虚拟、真相与想象、动态与静态、形式与内容、文本与理念。越来越分不清、分不开的，除了线上与线下、上班与下班、中心与边缘、科技与科幻、时间与空间、有限与无限，还有外交与内政、外宣与内宣、外行与内行、学识与常识、人脑与电脑、受众与玩家。三足并立、三线并行、三维并重的"老范看传媒"，给观察者和参与者提供了一个复眼式多维复合视角，从而更多更好地看见传媒转型中的流动与不动、趋同与不同、平凡与不凡。

老范提出的泛内容变现概念，是一种具有想象空间和可见未来的涉及媒体运营的概念，不妨称之为范式表达。泛内容变现的概念和原理，显然不是指内容的泛化虚化，更不是导致新闻虚无化、边缘化的联想，而是在更大的背景下强调新闻这一易生易碎的大众化产品和服务，需要在更长远的联系上确认为有益的公共产品和公共服务，因而是从新的层面上强调了新闻的本体和本位。泛而有范，有界定的范围，有梳理的范式。说句题外话，老范十余年研究中撰写的论文超过200篇，相当一部分是带着学生做的对策研究，纯粹的学术概念研究不多。当然，这与老范的经历有关，每位研究者都有自己的优势和喜好。坦率地讲，老范不是书斋里的学究、学霸，"老范看传媒"更多地可看成是与传媒业界同呼吸、共命运，能够成为对策式的参考和辅助。果如此，就是"老范看传媒"三部曲的最佳位置、最好回报。

曹轲

2019 年 5 月 26 日凌晨于广州

（作者系暨南大学新闻与传播学院客座教授，新闻学博士，南方报业传媒集团副总编辑）

前　言

······

　　2008 年至 2018 年的十年，是中国传媒业融合转型的重要时期。在这期间，人们既看到了传统媒体的衰退，也感受到了新技术推动下各类新兴媒体和传播平台的勃兴。传统媒体面对困境，一方面通过自身变革创新寻找突围之路，另一方面积极介入新媒体的融合转型。在传统媒体、新兴媒体及各类传播平台的共同努力下，中国传媒业进入了新的历史时期。于是，"万物皆媒时代""众媒时代""智媒时代"等一个个具有时代特征的提法接踵而至。媒体实践中涌现的"中央厨房""互联网＋""机器人写稿""移动化""社交化""视频化""智能化"等新概念、新名词层出不穷，并进入了研究者的视野。

　　作为传媒研究者不仅要关注传媒业自身的业态、媒介形态的变化，也要关注与此相关的政治社会生态环境的变化。于是，就有了"老范看传媒"丛书："传媒事件回顾篇"《触摸传媒脉搏：2008—2018 年传媒事件透视》，"传媒前沿现实篇"《传媒现象思考》和"传媒未来发展篇"《泛内容变现：未来传媒商业模式探研》。

　　《泛内容变现：未来传媒商业模式探研》一书，重点放在第三章"突围：泛内容变现之路"，主要是对传媒未来的经营模式和发展路径进行呈现和分析。该章明确提出，传统媒体时代"新闻内容为王"背景下形成的"二次销售"商业模式已陷入困境，到了新媒体快速发展的当下必须着眼未来，走"泛内容变现"的商业模式路径。传媒发展的起起伏伏是非常复杂的，历史的经验和教训都值得总结、借鉴，同时必须对当前媒体的困境有一个清醒的认识，才能把握好机遇、实现成功转型。因此，在第三章之前的第一章"回望：传媒经营的演变"对中国传媒经营发展的几个历史阶段进行了回顾，第二章"困境：纸媒转型的迷雾"对传统媒体转型的困境进行了分析。

　　本书有部分章节的材料和观点引自笔者与笔者指导的研究生合写的论文，他们是：杨凡、蔡立、何国胜、陈璐、邢瑞、吴敏、常仙鹤、彭一力等，在这里表示感谢。

2019 年 8 月

目录
contents

泛内容变现：未来传媒商业模式探研

回望：传媒经营的演变

……

第一节　改革开放前媒体经营的起起伏伏

中华人民共和国成立初期，报纸贯彻企业化经营的方针。到了 20 世纪 50 年代中期后，单一的意识形态属性取代了兼有商品属性的报纸的"双重属性"。到了"文革"十年动乱，更是将报纸推到难以"成行成市"的阶段。

一、企业化经营阶段

中华人民共和国成立至"三大改造"完成、反右前夕，是报纸企业化经营阶段。

中华人民共和国一成立，中央管理部门就强调报纸要走企业化经营的道路。

1949 年 12 月，中央人民政府新闻总署在北京召开全国报纸经理会议，提出报纸实行企业化经营的方针。中共中央批准了这一提议，要求"条件好的公营报纸争取自给"，"多登有益广告"。

1950 年，中宣部发布了《关于报纸实行企业化经营情况的通报》，明确指出："企业化经营方针是完全正确的、可以实现的。"

国家层面之所以允许报纸开展"企业化经营"，是因为当时报纸经营处在这样的政治社会生态环境中：对农业、手工业、资本主义工商业实行"三大改造"之前，中国是多元化的经济。这种经济基础，也对意识形态和报纸经营产生影响。当时还有民营报纸，不仅有过去留下来的，也有中华人民共和国成立后才创办的。此外，也与当时国家的财政状况有关。中华人民共和国刚成立时，百废待兴，财力紧张，要求报纸尽量争取自负盈亏。许多报纸都重视建立经营的队伍，并建立相应的组织架构，比如成立公司，设立"经理"职位。

二、摈弃商品属性的完全事业单位阶段

"三大改造"完成，尤其是反右斗争之后报纸的属性：单一的意识形态属

性，反对报纸的商品属性。

经济政策：变自主经营、自负盈亏为国家统收统支。赚了钱，利润全上交，需要钱用时再向国家申请。经营部门按事业行政设置：取消"公司""经理"的提法，设科室、处室，相应设"科长""处长"。民营报纸也消失了，除了意识形态的因素之外，还由于在"三大改造"中私人企业都公私合营了。毫无疑问，具有浓厚意识形态属性的报纸企业更不能民营。

当时的政治社会生态环境：完全的计划经济体制和无限制夸大报纸的意识形态属性。尤其是在反右之后，报纸的商品属性受到批判，坚持"商品属性"的学者有的还成了右派。

后果：报纸经营不好对经营者没有切肤之痛，影响报业经济的发展。

这一时期，不只是报纸经营发生了问题，报纸内容也出现了偏差。最为突出的就是虚假浮夸报道盛行，报纸上发表了大量的粮食"放卫星"的假报道。"人有多大胆，地有多高产"这一违背常识的社论赫然出现在党报的重要版面上。

三、有"报"无"业"阶段

"文革"时期，传媒业出现了有"报"无"业"的萧条状态。绝大多数的报刊被关闭，不只是没有报纸"产业"，连报纸"行业"都称不上，不能成行成市了。

1966 年 8 月 22 日，上海的著名晚报《新民晚报》停刊。同样具有很高知名度的办在广东的《羊城晚报》也在造反派的冲击下被迫停刊。1968 年 9 月 1 日，被"四人帮"控制的写作班子在中央"两报一刊"（《人民日报》《解放军报》和《红旗》杂志）上抛出了《把新闻战线的大革命进行到底》一文，给一些报纸扣上了"造谣、放毒"的罪名。到了 1968 年底，国家一级且在全国发行的报刊仅剩下《人民日报》《解放军报》《光明日报》和《红旗》杂志四家，各省（市）只保留了一家机关报。

广告全停了，报刊不讲时效、不讲质量，不讲竞争，也无竞争可言。

当时的政治社会生态环境：处于动荡不安之中的国家，其传媒业自然也遭遇前所未有的劫难。控制中国舆论大权的是"四人帮"。"四人帮"的政治目的就是篡党夺权，他们通过舆论搅乱政局，浑水摸鱼。

"文革"时期，办报摈弃了新闻的真实性，强调"事实为政治服务"，实际上就是为"四人帮"的政治路线服务。在这样的政治背景下，办报遵循的原则是"对口径"。当时的"对口径"也就是各省（市）的地方报纸所刊载的内容必须与《人民日报》《解放军报》和《红旗》杂志的文章观点接轨，达成口径一致。"文革"后期，"四人帮"直接控制的写作班子"梁效"登场，于是又有了"地方报抄中央大报，中央大报抄梁效"的说法。仅有四个版的报纸，登载的文章又长又空洞，虚假报道连篇。当时的文风归纳起来就是"假大空"。

第二节　　"事业单位，企业经营"阶段

1978 年党的十一届三中全会至 1992 年提出要建立社会主义市场经济体制之前，为"事业单位，企业经营"阶段。

"事业单位，企业经营"这一方针对时政类的媒体来说，至今仍有效。然而，有些非时政类的媒体现在已转制，即便是有些时政类的媒体，其市场化、产业化的步伐也在加快。所以，"事业单位，企业经营"阶段，是按当时传媒总体的状况来划定的。

粉碎"四人帮"后，以真理标准讨论、党的十一届三中全会为契机引发的拨乱反正，启动了中国改革开放的航程，而中国的传媒业也伴随这一进程从"文革"的阴影中走出来，不仅在新闻报道中恢复了优良的传统和作风，而且在推进新闻改革的同时，经营管理也在发展。

一、拨乱反正，媒体的"双重属性"得以承认

1976 年 10 月"四人帮"被打倒，标志着十年动乱的结束，预示着政治生态的改变。1978 年 5 月 11 日，题为"实践是检验真理的唯一标准"的文章在《光明日报》上发表，《人民日报》等中央权威大报及地方的省（市）委机关报纷纷转载。由此，一场关于真理标准问题的讨论在全国上下疾风骤雨式地展开。有了这一理论的讨论和充分的思想准备，党的十一届三中全会得以顺利召开。

十一届三中全会重新确立"解放思想，实事求是"的思想路线，把党和国家工作的着重点从"以阶级斗争为纲"转移到社会主义现代化建设上来。

结束了"文革"带来的不正常的政治生态，中国改革开放的大潮开始涌来，新闻单位也顺应这一潮流抓好新闻改革和新闻队伍的作风建设：第一，围绕党和国家中心工作的转移，突出经济宣传。中共中央宣传部于1979年3月召开了全国新闻工作座谈会，主管部门和新闻界形成一致意见：遵循十一届三中全会制定的方针政策，顺应人民群众对实现四个现代化的强烈愿望，新闻宣传工作的重心要转到经济建设上来。当时最大的问题是吃饭问题，中国的改革先从农村的家庭联产承包责任制开始，各新闻单位把农村报道尤其是农村经济政策的报道放在重要位置。当农村经济政策的落实取得显著成效之后，又转到城市抓好企业改革的报道。第二，记者转变作风，坚持深入第一线采访，有成绩报成绩，有问题及时披露，尤其是抓住上上下下都关注的热点进行分析报道。抓热点和做好舆论监督，成为新闻工作的题中应有之义。第三，改变文风。针对"假大空"的文风问题，各媒体反复强调新闻的真实性，并提出要刹住"长风"。第四，始终把改革开放的报道作为主旋律来抓。最引人注目的是20世纪90年代初关于改革开放宣传的两大重头戏。一是根据邓小平同志的谈话精神，上海《解放日报》以"皇甫平"的笔名于1991年正月初一发表了《做改革开放的"带头羊"》的文章，随后陆续发表了三篇评论，为改革开放鼓与呼。二是《东方风来满眼春——邓小平同志视察深圳纪实》的发表，对坚持改革开放产生强大推动力。此文于1992年3月26日首发在《深圳特区报》上，接着从中央到地方的主流媒体都纷纷转载。在改革发展的重要关头，这篇文章引起的高度关注，充分体现了主流媒体在舆论引导中发挥的重要作用。《解放日报》《深圳特区报》通过传达邓小平同志的声音，为中国进一步推进改革开放提供了强有力的舆论支持。第五，媒体的功能更加丰富多彩。长期以来，中国新闻界主要强调媒体的"灌输作用"和"组织作用"，注重宣传价值，忽视了媒体的其他功能。到了20世纪80年代初，全国新闻界开始对新闻定义和新闻价值展开讨论。新闻媒体发布信息、引导舆论、传播知识、刊登广告、提供娱乐等功能得到了认可和强化。

媒体不仅在新闻工作中坚持新闻规律，实事求是做好新闻报道，而且将经营管理提到重要议事日程上来。做好经营管理，首先要解决对媒体属性的认识问题。反右之后，媒体的商品属性被否定，只强调媒体的意识形态属性。到了

"文革"时期，媒体具有商品属性的观点更是受到了大批特批。如今强调媒体的商品属性，认真抓好经营管理，其实就是在拨乱反正中恢复传统做法，重新把媒体经营管理放在应有的位置上。毫无疑问，媒体有强烈的意识形态属性，但媒体的出品有制作成本，有发行和广告市场，有买卖关系，因此其商品属性是客观存在的。在党的十一届三中全会精神和真理标准大讨论的政治生态推动下，无论是学界还是业界，无论是管理者还是媒体团队，媒体具有商品属性的观念已获得广泛认同，各媒体单位也认真付诸实践。

强调媒体具有商品属性，不仅没有影响媒体传播社会价值的主功能，而且从当时媒体的实践来看，其社会效益与经济效益达成了高度统一。有了商品观念和经营意识，媒体对优质内容的生产更加重视，以此吸引更多读者，进而提高发行量，媒体的社会影响力也越来越大。反过来，也拉动了广告经营的发展，给传媒业发展带来勃勃生机。

二、"事业单位，企业管理"经营方针全面推广

改革开放后，报纸单位的属性被重新确定，实行"事业单位，企业管理"方针。

1978 年，人民日报社等新闻单位要求试行"事业单位，企业管理"的经营方针，将报告送财政部后获得批准。1983 年，经财政部批准，企业的"利改税"政策引入经济日报社等媒体单位，税后利润由报社自行支配。由此，包括许多机关报在内的报纸不再依赖财政补贴，走上了自我积累的发展道路。传媒单位的员工的收入，也从固定工资制到适当激励，再到与绩效挂钩。

广播电视系统也开始实行经费包干和多种经营。1983 年 4 月召开的全国广播电视工作会议提出，广电系统要广泛开辟财源，由单纯依赖国家财政拨款转为经费来源渠道多元化。1984 年中央电视台开始实施"经费包干，三年不变"计划。

三、报刊从凋零走向繁荣

媒体市场越来越繁荣，从单一结构往多品种发展。

停办的报刊复刊。1979 年 11 月 1 日《南昌晚报》复刊，系改革开放后最

早复刊的晚报。1980 年 2 月 15 日，《羊城晚报》复刊，11 个月后发行量突破 100 万份。全国出现"大办晚报"热，到了 1991 年晚报已多达 51 家。其他品种的报刊也如雨后春笋般涌现出来，1980 年至 1985 年的短短五年，全国新创刊的报纸有 1 008 家，占当时报纸总数（1 776 家）的 56.8%。1981 年《中国青年报》首开星期刊之先河，开辟 4 开 8 版星期刊，是国内报纸关注休闲的开始，也是周末版的源头。这一周末版依附在主报《中国青年报》上，扩大了主报的影响力，拉动了《中国青年报》的发行量。1984 年，不依附主报由自己独立出版发行的《南方周末》创刊，并很快风行全国。报纸从比较单一的结构往多品种发展之后，出现了发行量达百万、数百万甚至上千万的杂志，比如《读者》《知音》《家庭》；也出现了《参考消息》等一批发行量达百万至数百万的报纸。在广东，曾有 10 家杂志发行量超百万，30 家杂志发行量超 50 万。不同岗位、不同层次的人都可以找到适合自己阅读的报刊。

广播电视事业也发展得很快。1978 年，中华人民共和国国际广播电台成立，同年元旦《新闻联播》正式开播。1982 年，中央把重大新闻的发布从 20 点的中央人民广播电台调整到中央电视台 19 点的《新闻联播》栏目，这一决定确定了《新闻联播》的权威地位，也成为中国电视新闻发展的里程碑。

为了吸纳更多的观众，实现更好的效益，广播电视的新闻时效性得以强化。1984 年至 1989 年，中央电视台及各地方电视台陆续增设午间新闻、英语新闻、早间新闻等节目。与此同时，电视的社会功能逐步健全，满足了受众多方面的需求。如广东的广播电视打破传统思维模式的禁锢后，其"珠江模式"在全国引发强烈反响，《公关小姐》《外来妹》等电视剧红极一时。

1983 年，第十一次全国广播电视会议提出"四级办广电"的方针，促进了广播事业的发展。20 世纪 90 年代又提出实现"村村通广电"的规划，20 世纪末卫星广播和"村村通"工程顺利全面完成。中国电视人口覆盖率到 2005 年已达到 95.8%。2008 年底，中央电视台等 50 家电视机构成立了新闻直播联盟，意味着国内最大的电视新闻资源收集和播发平台正式投入运行。

四、广告经营大发展

在全国的报纸中，上海《解放日报》于 1979 年春节带头恢复广告经营。由于有了广告收入，该报当年的总收入比上一年增加了近八倍。

1978 年，中国正式引进第一部海外动画片《铁臂阿童木》，由卡西欧公司"免费赠予"，条件是捆绑播放卡西欧电子表广告。这是第一次将免费提供节目带广告的模式引进中央电视台。1979 年 3 月 7 日，上海广播电台发布了第一条电台商品广告。

1979 年 11 月，中宣部发出《关于报刊、广播、电视台刊登和播放外国商品广告的通知》，允许刊播外国商品广告。管理部门使广告得以"正名"，广告迅速成为传统媒体时代媒体生存和发展的根基。1991 年全国广告营业额达到35.9 亿元。1992 年中央电视台的广告收入才 1 亿元，1994 年其开创黄金广告招标，1995 年广告收入便突破 10 亿元，到了 2007 年已突破百亿元。

除了广告，媒体还广开经营思路，将印刷等上下游的业务做好，以增加经营收入。在印刷方面，扩大对外印刷业务和开展商务印刷，广东的南方报业传媒集团代印的报纸最高时超过 160 家，广州日报报业集团重金购置彩印设备进行商务印刷。媒体广告经营也从报纸自身的广告发展到户外广告，还举办车展、房展等各类线上与线下的互动活动吸纳广告。

随着经营状况的好转，办报条件改善，人才吸引力度加大。同时，媒体也在技术革新方面下力气。1986 年，《经济日报》在国内第一次用国产激光照排机排版成功，从此报纸告别了铅与火的时代。自此之后，全彩印刷、卫星传播技术、有线电视、数字电视、数字广播等新技术层出不穷，网络媒体、移动媒体等新媒体快速成长。

五、从邮发到自办发行

改革开放之前，我国报纸的主要发行模式是"邮发合一"，即由中国邮政全权办理报刊发行，而发行时往往要等信件分发好之后再一起派送，这种做法使报刊不能及时送达读者手上。1985 年《洛阳日报》开启自办发行之路，1986年部分城市报纸自办发行工作座谈会首次召开，26 家参会的报社对自办发行给予了积极的肯定。1990 年，广州市委机关报《广州日报》开始自办发行。此后进入"自办发行"行列的报纸的发行量接近全国报纸发行总数的一半。报业还利用自办发行渠道开展物流配送业务。

第三节　往市场化、企业化迈进阶段

市场经济发展，推动中国传媒业往集团化、市场化、产业化方向发展。

邓小平同志于 1992 年视察南方之后，"南方谈话"成为中国确立社会主义市场经济地位的一个重要节点。中共十四大正式把建立社会主义市场经济体制作为我国经济体制改革的新目标，标志着我国社会主义市场经济的确立。媒体单位也在这一大潮中强化了媒体的产业属性，积极做大做强媒体产业。"既要讲导向，也要走市场"；"不贴近市场，读者不认可，舆论阵地也无法巩固"；"适度竞争，有利于媒体乃至媒体产业的发展"——这些话语常挂在社长、台长、总编辑的嘴上。

随着市场经济的发展，媒体业态发生变化，媒体之间出现了从未有过的激烈竞争，竞争所形成的市场化观念推动产业发展。中央有关部门也因势利导，推出了让媒体贴近市场、促进产业发展的举措。

一、报业集团成立

分管意识形态工作的中央领导与国家新闻出版主管部门的领导到广州日报社调研之后，经中宣部和国家新闻出版署批准，我国第一家报业集团——广州日报报业集团于 1996 年 1 月 15 日成立。接着，中央领导又到南方日报社调研，并批准成立了中国第一家省委机关报报业集团——南方日报报业集团。羊城晚报报业集团成为全国第一家晚报类报业集团。继而，深圳报业集团、光明日报报业集团等相继成立。之后，各地报业集团如雨后春笋般纷纷涌现，到 2002 年，经国家新闻出版总署批准成立的报业集团共有 39 家。广电集团也纷纷组建。此外，还有一批由地方政府批准成立的报业集团或传媒集团。

成立报业集团从体制上、组织框架上确认了媒体具有的产业属性，通过规模化经营可使媒体在激烈的市场竞争中求得生存和不断发展壮大。企业集团的模式被引入意识形态浓厚的报业和广电业，而且相当一部分是以机关报为龙头成立的报业集团，这无疑是思想解放的产物，也是中国报业向市场化发展的重要成果，标志着我国报业发展到了一个新阶段。

二、市场化媒体都市报的创办

随着市场经济的发展，媒体竞争越来越激烈，主流权威媒体机关报经营状况不佳，如果不改变这种状况，对主流媒体留住人才和发展壮大是不利的，这也关系到主流舆论阵地能否巩固和发展的问题。正是在这样的背景下，国家管理部门批准一批机关报创办都市类媒体。

从机关报自身来说，积极创办都市报的初衷，是为了应对市场化程度较高的晚报等报刊带来的市场份额的竞争，后来则成为推动报纸市场化发展的重要举措。1993 年，第一份都市报《贵州都市报》创办。创办之初，《贵州都市报》其实采用的是晚报的风格，之所以叫都市报，是为了规避一个城市不能有两份晚报的规定。1995 年 1 月 1 日，四川省委机关报四川日报社下属的《华西都市报》创办，其并非晚报的复制。所以，很多学者认为，《华西都市报》才是我国第一份真正意义上的都市报。南方日报社创办的《南方都市报》几乎与《华西都市报》同时创办，但只是内刊，且是周报，后来南方日报社停办了《海外市场报》，将刊名改为《南方都市报》。接着，湖北日报社创办的《楚天都市报》、河南日报社创办的《大河报》等也强势占领市场，后来连中央最权威的媒体人民日报社也创办了都市类媒体《京华时报》。这些新创办的报纸一亮相就显示出其新锐的风格，在实践中摸索出了都市报市场化运作的理念和全新的竞争策略，开启了中国报业的"都市报时代"。

由于都市报定位为市民报，主打市民关注的社会事件与社会现象，再加上户籍入城政策的放宽和改革开放后社会结构的变迁，使都市报发展顺利，发行量逐年上升，广告营收逐年见涨。都市报遂成长为当时媒体界的一大亮点，被称为中国市场化媒体的成功实践。

都市类报纸的发展和报业集团的创建，以及伴随而来的竞争，使传媒的业态变得越来越有活力，推动了传媒业的发展。在四川，《华西都市报》在竞争中探索出的"敲门发行学"，创新了中国报纸的发行方式。曾被称为广东"大三国"与"小三国"的"三国演义"竞争案例，也耐人寻味。

"大三国"指的是《南方日报》《羊城晚报》《广州日报》，"小三国"是南方报业传媒集团的《南方都市报》、羊城晚报报业集团的《新快报》、广州日报报业集团的《信息时报》。由于《南方都市报》发展迅猛，羊城晚报报业集团为了强化其在城市市场的地位，创办了《新快报》，与《南方都市报》竞争。广州日报报业集团则收编了广州的经济类报纸《信息时报》，将其重新定位为都市类媒体。属于都市类媒体的"小三国"，涉足广州、深圳乃至整个珠三角地区，并开始抢占市场，在新闻内容创新、市场营销创新、战略思路创新方面各出奇招。于是，无论"小三国"还是"大三国"，报纸变厚了，内容越来越丰富、越来越贴近读者和市场了，受益的是广大读者。后来，深圳报业集团也按捺不住了，由集团一名领导带队的调研小组来到南方报业集团了解情况，并与南方都市报社相关人员座谈。深圳都市类媒体《晶报》就是在这样的背景下诞生的，并参与到了珠三角市场的竞争中。竞争的结果是，这几家报业集团都没有衰落下去，相反都进入传统媒体时代最鼎盛的时期。至于后来的衰退，那是在互联网兴起之后新媒体挑战下的衰退。而且，我们还要看到，正是因为有了前期走市场的磨炼，传统媒体才得以提升应对变革的能力；也正是因为有了多年的竞争储备，才能为传统媒体的转型提供人力、财力和物力的保障。

三、传媒上市与资本运营

20世纪90年代中后期，在中国市场经济日益成熟、传媒业政策相对宽松的背景下，资本运营等方面不断传来利好消息：一些有传媒背景的公司相继上市，传媒企业开始与证券市场结合，一起筹资融资。

1994年2月，上海广电总局管辖的东方明珠股份有限公司在上海证券交易所上市，成为国内传媒第一股。1999年成都商报社收购四川电器，采用借壳上市的策略，实现了报业资本经营的边缘突破。同年，湖南电广传媒股份有限公司在深交所挂牌上市，掀起了一轮中国传媒业逐步与资本市场接轨的热潮。2004年12月22日，北青传媒在香港交易所上市，成为"中国报业境外第一股"。此前和此后，粤传媒、歌华有线、中视传媒、广电网络、博瑞传播等纷纷上市。经过几轮传媒上市热后，截至2011年9月底，国内传统媒体上市公司已增至24家，其中报业7家、广电9家、出版发行8家。

具有标志性意义的是浙报传媒的上市。浙江日报报业集团将旗下传媒经营资产和新媒体业务全部置入上市公司，成为国内第一家实现经营性资产整体上市的省级报业集团。由于其背景是机关报报业集团，而且上市之后筹集了足够资金介入游戏等文化传播领域，其经济效益在全国的省委机关集团中处于领先的地位，因而引发了人们对传媒资本运作的更多关注。

面对激烈的市场竞争，无论从媒体自身的发展壮大还是从国家舆论阵地的巩固来考虑，都应积极打造有特色的传媒资本运营，将传媒业做大做强。但传媒企业与一般企业有很大不同，这决定了其资本运营的特殊性。传媒企业必须根据自身的属性和不同媒体的功能，以新的思路创新体制、运营机制，力求打造出有中国特色的传媒资本运营模式。

要树立"无资本运营，难以做大做强传媒业"的观念。传媒资本运营，就是将传媒所拥有的可经营性资产，包括传媒自身的广告、发行、印刷等产业，以及其他相关产业，视为有经营价值的资本，通过价值成本的交易、流动、参股等途径进行运作，实现最大限度增值。从现实需要来看，现代传媒产业是一个技术密集型产业，要实现规模经济和范围经济效应，需要借助资本的力量。从经济实力来看，当今中国强势的传媒集团少之又少，如果我们不积极介入资本运营，传媒产业很难做大做强。

长期以来，媒体几乎依赖银行贷款来加快传媒企业发展。这种运作方式需突破。2001年，由南方报业传媒集团以全新模式打造的21世纪经济报道纸媒机构问世。上海复星集团注资1 500万元，与南方报业传媒集团合资成立广东21世纪出版经营服务有限公司，负责21世纪报系的广告及发行代理。在合作中，双方把合作的领域严格控制在发行、广告等经营领域，合作的起点也定得比较高，不是停留在资金层面或业务方面，而是一开始就着手探索建立一个现代公司制的治理结构，从根本上奠定了《21世纪经济报道》乃至以后的21世纪报系成功的基础。《21世纪经济报道》创办的第二年即实现赢利，后从周报变成每周五天出报，并从一报发展成为拥有几个报刊和项目的报系。后来，21世纪报系出现了一些问题，这并非资本运作的过错。

明晰传媒资本运营特殊性，分类实施不同的传媒资本运营模式。一般的企业在资本运营过程中，其目标是要实现利润最大化，而传媒在讲经济效益和社会效益时，应把社会效益放在第一位，这是传媒资本运营必须面对的现实。传媒企业的特殊性在于其所拥有的社会与经济的双重属性、所追求的社会与经济的双重效益。一方面，由于意识形态的属性，从国家舆论安全的角度看，具有很强的政治性；另一方面，从企业经营的角度看，又要通过市场化、产业化的运作方法，才能产生良好的经济效益。与一般企业以经济利益最大化为目的不同，传媒通过资本运营实现经济收益的最大化不是其最终目的，而是实现传媒社会效益的手段之一。对于我国传媒业来说，它不仅担负着国有资本保值、增值的经济责任，还担负着党和人民"喉舌"的社会责任。如何根据传媒的属性和特点，打造出一套既能充分发挥传媒舆论引导作用，又能适应市场经济规律，既经得起国家政策的检验和确保舆论阵地的稳固，又能顺利实施资本运营的模式，是中国传媒业面临的新课题。因此，在具体实施传媒资本运营的过程中，应该以这一特殊性为前提，区分不同媒体的意识形态强弱程度，推行不同的运作模式。第一，对专业技术类媒体而言，比如计算机、财经、汽车、房地产等媒体，它们的意识形态属性相对较弱，可以大胆进行公司制改革，按照现代企业制度管理，按照市场经济规律运作，运用上市、合资、合作等各种资本引进形式，引进来自国内外、业内外的各类资本，形成兼具合理性、广泛性以及多元化的传媒资本市场。第二，对于文化娱乐类、时尚类媒体，它们的意识形态属性比专业技术类媒体稍强，有时会涉及思想文化领域的内容，但总体上仍可参照专业技术类媒体的操作方法开展资本运营。第三，对于党委机关报、广播电视台、通讯社以及其他时政类媒体，由于其常涉及关乎国计民生的敏感性话题，意识形态属性最强，其资本运作机制的设计也最为复杂，目前国内通用的方法是实行采编经营分离制度。具体而言，就是把传媒企业中的经营性资产剥离出来，进行公司制改革，使其成为适应市场的法人实体和竞争主体，同时保证国家对可经营性资本的控股，保证有效、安全的资本运营。采编经营分离之后，只要符合国家的产业政策，传媒的资本运营都可以合法、合理地公开进行。

四、品牌理念引进传媒业

21世纪初，南方报业为了适应市场激烈竞争的需要和立足长远发展，提出了多品牌战略，并以良好的报系组织架构和"龙生龙，凤生凤"的滚动发展模式，实现了报业的快速发展。有专家、学者认为，这在传统媒体时代，具有一定的示范意义。即便到了今天的新媒体时代，南方报业留下的品牌和人才结构，依然是推动其转型发展的重要力量。

人民日报社前社长、北京大学新闻与传播学院前院长、中华全国新闻工作者协会原主席邵华泽在为《南方报业》一书写的序言中有这样的表述："培育出品牌报纸，以品牌报纸为龙头成立报系来孵化新的子报。这无疑是报业战略运营和品牌战略的又一发展。"

在"报系结构"概念提出之前的 2002 年 10 月 12 日，"第四届中国国际高新技术成果交易会"在深圳开幕，南方报业负责人在当天下午举行的一个峰会上发表了题为"国际化背景下的媒体多品牌战略"的演讲，公开宣布南方报业实施媒体多品牌战略。

当时广东报业的状况是，羊城晚报社发展起来之后，南方日报社的经营开始衰退，再加上广州日报社的迅速崛起，南方日报社陷入更大的困境。在这样的背景下，南方报业面临的一个问题就是以什么方式突围才能走出困局。

在历届领导班子和员工的努力下，南方报业除了省委机关报《南方日报》之外，拥有了《南方周末》《南方都市报》《21 世纪经济报道》《南方农村报》等报刊，这些报刊都有较大影响力，当时大家称这些报纸为名报。21 世纪初，南方报业团队在讨论发展战略时谈到，如果与兄弟报业竞争，单单靠南方日报社肯定是竞争不过别人的，要提升集团内部各名报的影响力。

当时，广州日报社和羊城晚报社优势显著，南方报业仅靠南方日报社很难一枝独秀，因为在广州日报社和羊城晚报社两大报社的夹击下，南方日报社在广州的地盘已经越来越小。只有把南方报业的几家名报打造成品牌，多个拳头出击，才能在竞争中立于不败之地。

品牌与名报的内涵是不同的，报纸品牌的持续忠诚度、对受众的吸引力，与名报相比还是有质的区别，所以必须将名报提升为品牌报纸。而且，单单靠一个品牌不够，还必须拥有多品牌。不仅要与本地报业竞争，在广东的报业市场占有一席之地，而且时机成熟后，还要将多品牌的触角延伸到外省去。

提出多品牌战略之后，南方报业团队在思考一个问题：如果没有良好的组织系统和运营模式，战略计划有可能落空。于是就有了报系概念。最早的报系是"21 世纪经济报道报系"，简称"21 世纪报系"。它们有主报 21 世纪经济报道报社，下面又办了各种项目，还有子报子刊，如果继续由 21 世纪经济报道报社来领导，管理上不顺畅。于是便有了 21 世纪报系的组织结构，可以把管辖的各项目都统一到这个报系里面来。《21 世纪经济报道》是这个报系的核心。报系的概念后来拓展到南方都市报社和南方周末报社，分别简称为"南都报系""南周报系"。三大报系成为南方报业管理和业务扩张的三大平台。

有了良好的组织结构，还要有发展模式，当时南方报业就提出"龙生龙，凤生凤"的滚动发展模式。各报系利用其龙头报纸的品牌优势和人力资源、发行资源、广告资源打造系列产品，不断发展新项目，形成了良好的多品牌结构。既有面向全省，又有覆盖全国，在国内外有较大影响力的报纸；既有综合类的，又有专业性较强的报纸；既有大众化的，又有面向高层次读者的报纸；既有面向城市的，又有以农村读者为对象的报纸。《南方日报》——立足广东、面向全国，重点面向广东各界较高层次读者；《南方周末》——覆盖全国的高品位报纸，知识分子是核心读者群；《南方都市报》——大众化报纸，面向广州、深圳乃至整个珠三角，并辐射周边地区，以城市市民为核心读者群；《21世纪经济报道》——政府、企业与公共机构的高级管理人员、决策者、专业人员、研究者所喜爱的高品质经济类媒体；《南方农村报》——以广大农民，尤其是农村专业户为核心读者群。

由南方日报社发展起来的集团，先后被称为南方日报报业集团、南方报业传媒集团，简称"南方报业"。三大报系运营，使南方报业从各自单个媒体品牌提升为整体的南方报业品牌。从此，"南方报业""南方报系"的称谓被交替使用。经过一段时间的实践，南方报业逐步认识到，发展报系不只是为了与同行竞争，而要立足于长远发展。战略不是眼前的小打小闹，而是要有长远的发展眼光。从长远来看，如何处理好机关报与各系列报、"报办集团"与"集团办报"的关系，把机关报和集团做大做强非常重要。南方报业战略实施的过程，也是从"报办集团"到"集团办报"的过程，这是一个观念的转变。

五、跨区域、跨媒体发展

中国报业协会早在1992年就提出了对有关报纸行业产业政策和体制改革的五项意见，允许报社从事跨行业经营活动。进入21世纪，随着媒体市场化、产业化的发展，媒体对外经营的欲望越来越大。从国家层面来看，21世纪初国家发布了文件，提出跨媒体、跨区域、跨行业发展。国家有这个政策和导向，媒体有这个思路，于是就有了跨区域、跨媒体办报实践。

经中宣部和国家新闻出版总署批准，光明日报报业集团与南方报业在北京合作创办的《新京报》于2003年11月11日创刊，成为经国家正式批准的首家跨区域、跨媒体经营的报纸。2004年11月，由上海广播电视台、广州日报报业集团、北京青年报社联合主办的中国第一份市场化财经日报——《第一财经日报》在上海问世。在这之前或之后，未经批准悄悄进行跨区域、跨媒体实践的报业单位往往阻力很大，甚至被迫退出。尽管后来因情况变化，新京报社的合作方式有所改变，该报划归北京市管辖，但当时进行的积极尝试对媒体发展是有推动作用的。新京报社自成立以来，无论办报还是经营都产生了良好效益。新京报社第一年、第二年亏损，第三年就开始获利了。南方报业共分得利润1.6亿元，加上后来出让给北京市的转让费2.9亿元，共获利4.5亿元。

随着万物皆媒时代的到来，未来一定会出现更多跨媒体、跨区域、跨行业发展的媒体。如果从以往新媒体融合转型的角度来看，跨媒体发展已全面推开。由于新媒体传播本来就是无区域限制的，所以跨区域发展也已成为普遍现象。媒体融合中，必须跨界连接产业才能找到经营出路，跨行业发展已成为媒体产业发展的大趋势。

这里还是回过头来看，当年跨区域、跨媒体发展的思路是怎样形成的。

南方都市报社当时考虑，广州的报业市场竞争处于一种接近饱和的状态，原有的平台很难再做大了。南方都市报社储备的一批有新闻理想及有新闻采编和经营经验的报人，需要找到新的发展空间。从南方报业班子的角度来看，南方报业的发展也要找到新的利润增长点。当时，光明日报报业集团下属有份《生活时报》，长期办得不好，集团就想对它进行改造。时任光明日报报业集团总编辑袁志发听了相关人员的汇报后，决定与南方报业合作，把《南方都市报》的团队"请进来"。南方都市报社班子一致同意进入，南方报业召开班子会议，也通过了与光明报业合办《新京报》的决议。商谈的结果是：光明报业占51%的股份，南方报业占49%的股份，双方各拿出5%的股份给团队，团队共占10%；资金由南方报业出900万元，光明报业出1 100万元，一共2 000万元的资金。光明报业出刊号、出场地，南方报业充分发挥人力资源优势，派了250多人过去，其中采编及行政、发行、广告等方面的高管有10多人。时任广东省委副书记兼省委宣传部部长的蔡东士对南方报业与光明报业的合作给予高度评价和支持，之后，他还同副部长胡国华一起到北京看望新京报社的员工。蔡东士有几句话还登在报上，他说《新京报》的创办"不仅对探索有中国特色的新闻事业有着重要的意义，而且对广东正在进行的建设文化大省的工作是一个推动"。他希望南方报业与光明报业紧密合作，做大做强报业，为发展新闻事业作出更大的贡献。

跨区域、跨媒体经营要考虑经营的生态环境问题，异地办报有四个方面是需要思考的：

其一，党的十六大提出加速构建全国统一市场，大力推进市场对内对外开放，这其中也应该包括全国性的报业市场，中国报业面临跨地域发展的重要机遇。报业应积极探索跨地域办报的可行道路，切实解决事业发展瓶颈问题。

其二，跨地域办报要立足于集团的核心能力适度推行。是否作出跨地域办报的决策，取决于集团是否具备两方面的条件：充裕的资金启动，充足的人力资源储备。有资金、有人才，才能稳妥地实施扩张。

其三，选择异地经营的地区，应综合考量该地区的政治、经济、文化和社会发展现状，重点考察该地区的传媒市场开放程度，发行、广告市场的现实容量和发展潜力，特别是该地区是否存在足够规模的与南方报业办报品位相适应的高素质读者群。

其四，为规避风险，跨媒体办报应采取与有条件的当地媒体合作的方式。根据现有的国情，跨地域办报不能找那些当地势单力薄的报纸来合作。要选择那些有资源、有实力，与对方能形成优势互补，具备足够的合作诚意的当地优质媒体，强强联合。而且一定要办好手续，规范进入。曾有个别媒体打擦边球，以各种方式悄悄跨区域发展，但由于未经有关部门批准，风险很大，事实上有的媒体在进入某些地方时就受到"地方保护"的阻击，不得不撤退。因此，要防止因未经批准擅自进入而被封杀的情况发生，一定要堂堂正正跨区域、跨媒体发展，绝不当"小媳妇"，不留下隐患。

南方报业与光明报业合作创办新京报社成功，正是符合以上四条思路。在可行性方面，南方报业在办报过程中所积累的强势资源与核心能力，使其有条件走出广州，到北京与合作方合作办报。南方报业的《南方都市报》已培育成为品牌报纸，当时已成为广州地区报纸的第二大赢利大户，且发展势头迅猛，形成了"培育优质媒体的创新能力和把优质媒体品牌推向市场的创新能力"的核心竞争力。南方都市报社在北京也有可利用的资源，使其对外扩张有了较好的基础。比如，当时南方都市报社在北京已建立了500家广告客户的网络，由于在广东向南方都市报社投放广告与在北京向新京报社投放广告的目标客户不重复，互相"不打架"，这500家广告客户同时变成了新京报社的广告客户资源。如果不是利用南方都市报社的资源，靠自己一家一家去见客户，不知要多久才能建立起自己的广告网络。因此，只需抽调南方都市报社现有的办报、经营和管理人才，就完全有能力实现异地办报的目标。

创办新京报社，为中国跨媒体、跨区域、跨行业发展做了探索性的尝试，而且取得了成功的经验。后来北京报纸的市场化程度高了，与新京报社创办有一定关系。正因为有了危机感，原有的报纸有点坐立不安，市场意识强化了，报纸内容创新越来越好了。

新京报社最终划归北京市管理，那是新形势下的一种决策，不能因此否定新京报社改革发展中的成功尝试。从长远来看，媒体最终要做强做大，一是要进行资本运作，二是要跨媒体、跨区域、跨行业发展。

第四节　媒体经营与新闻内容的关系

互联网还未快速发展的传统媒体时代，优质的新闻内容对报刊的发行和电视收视率的拉动是显而易见的，由此也推动了经营的顺利开展。到了新媒体时代，媒体陷入经营的困境，这难道是内容造成的吗？这个问题值得探讨。

一、优质内容是经营的基础

在互联网尚未快速发展的传统媒体时代，优质的新闻内容对媒体经营的拉动尤为明显。改革开放以来，报纸年年都在进行新闻改革，强调社会效益与经济效益的统一性。事实上，只要有了优质内容，报刊就会有发行量，广播电视就有收视率，为做好经营打下良好基础。

从真理标准讨论到改革开放的到来，《人民日报》的发行量达到了历史的高峰，而且不需要发红头文件，单位和个人都自发订阅，那是因为那些拨乱反正的文章观点旗帜鲜明，深深地打动了读者。《人民日报》还就"允不允许雇工""长途贩运是不是投机倒把"等老百姓关注的话题，进行有针对性的讨论。还有一系列冲破思想禁锢的舆论监督文章或分析性文章，都引发了强烈的社会反响。

《羊城晚报》在内容创新方面也很有特色，精彩的标题、热点新闻追踪、有特色的文化副刊，每天还有一篇总编辑许实以"微音"为笔名所写的"街谈巷议"，使《羊城晚报》形成了浓厚的晚报风格，深受众多读者的青睐。当年《羊城晚报》发行100多万份，其中外省三分之一、广州三分之一、广州以外的广东地区三分之一。客户会主动上门要求刊登广告，而且要排上半个月甚至一个月才能刊登。

《南方周末》发行量也曾经超过100万份，利润超过4 000万元。作为周报能达到这样的经营业绩应当说相当不错。经营能顺利开展，取决于《南方周末》的发行量，而发行量源自《南方周末》的内容品质。《南方周末》创办之初，根据当时报纸比较呆板的状况，适应市场的需要，以文化、娱乐等轻松活泼的内容为主，很快占领市场。后来，这类含有轻松活泼内容的报刊越来越多，而读者对社会问题的关注度越来越高，《南方周末》便以强烈的社会责任感、使命感往严肃大报转型。第一次转型，以舆论监督作为主打题材，与央视《焦点访谈》并驾齐驱，成为一南一北重要的舆论监督力量。第二次转型，基于媒体政治社会生态环境的变化往深度报道转型，发表了一系列影响力极大的深度文章。两次转型使《南方周末》的社会影响力大大提升，发行量和经营效益也大大提高。

早些年《南方周末》零售价由2元提至3元、《21世纪经济报道》由1元提至2元时，它们仔细研究过敢于提价的理由。第一个理由是在全国周末类的同类报纸中，《南方周末》是最优质的，别的报纸无可替代，很难找到一家可以与之相抗衡。提价之后，即使有些读者由于心理上难以接受，会给发行带来某些消极影响，但缓解了发行成本的压力，《南方周末》可以将更多的精力放在新闻品质的提升上，真正做到"物有所值"，消极影响也会很快得以消除。事实上，当时《南方周末》提价之后，一开始发行量掉了3万份，但很快就回升，并超过了提价前的发行量。《21世纪经济报道》是财经类专业报纸，国内财经类专业报纸本来就不多，做得好的就更少了。《21世纪经济报道》以深度报道、专业类报道确立了其在读者心目中的地位，并且通过从周报到日报（每周出五天）的改版实现了资讯的即时化。在财经类报纸的领域内，《21世纪经济报道》也可以说是有底气的，是无可取代的。第二个理由是价格的刚性。在经济学中，价格的刚性代表消费者对商品价格变化不敏感。对《南方周末》和《21世纪经济报道》这两份报纸而言，它们都具备这一特征。《南方周末》是周报，所以即使从2元提到3元，每个月才12元，全年才144元，对消费者造成的负担并不重，而且通过这一提价行为，《南方周末》可以进一步提升其读者定位。而《21世纪经济报道》虽然是日报，但其目标读者本来就定位在企业老板、商务人士、经济工作的领导者和研究者，这类读者群具有高学历、高收入、高智慧，对价格的敏感程度远远低于其他类型报纸的读者群。价格的刚性固然是综合类日报无法达到的，内容的优质化却是可以借鉴的。

后来，无论是《南方周末》还是《21世纪经济报道》，很多优质媒体的发行、广告等经营状况都在下滑，那不是内容的过错，而是由于新技术、新媒体的冲击。在传统媒体兴盛的年代，毫无疑问，提升报纸的内容质量，做到"物有所值"甚至"物超所值"，是报刊的经营之道。

二、同质化的尴尬

从2008年开始的新一轮提价风潮，可看出报纸内容同质化给经营带来的尴尬。

2008年3月10日，南京市场上的《现代快报》《扬子晚报》《金陵晚报》和《南京晨报》集体将零售价从0.5元提高至0.7元，开启了同城同时提价的先河。继南京之后，7月1日起，成都三家市场化程度较高的报纸的年订价和零售价全面提高。《成都商报》和《华西都市报》的年订价均从原来的140元提为240元，零售价从原来的0.5元提为1元；《成都晚报》的年订价从原来的100元提为170元，零售价从原来的0.5元提为0.8元。7月21日起，上海四家主要都市类报纸《东方早报》《新民晚报》《新闻晨报》《新闻晚报》也提价。2009年由新闻纸涨价拉动，部分地方的报纸再涨价。

涨价风潮中出现一个耐人寻味的现象：同城同质化的报纸须协商"集体"行动。为何强调"集体"？因为这些报纸都是面向都市尤其是大都市，都是时政内容浓厚的综合类报纸，定位、采编、发行等整体经营思路差别不大，同质化比较突出。面对新闻纸涨价，大多报纸都想提价，但又不敢单独提价。如果大家不提价而你提价了，会导致发行量下跌、广告量下滑。如果只有一家不提，其他家都提价，提的那几家也会担心发行和广告流向不提价的。因此，同城的同质化报纸如果不能协商取得一致的意见，是不敢单独提价的。正如南京一家报社负责人所言："同城的其他报纸不涨，我们就无法涨价。轻易涨价会丢失部分市场份额，影响发行量，进而影响广告。往大里说，事关生死，绝不敢轻举妄动。"广州地区的《羊城晚报》《广州日报》《南方都市报》《新快报》《信息时报》这五家综合性的以广州甚至珠三角市场为重点的报纸，版面多，发行量大。当时一份报纸只卖 1 元，而纸张、印刷、采编等总成本达到 1.5 元至 2 元，有的甚至高达 3 元。有的报纸广告实收额高达 11 个亿，利润也只有 2 亿多元。广告量稍微下降或纸张涨价都会造成经营困境。2008 年、2009 年纸张提价并非微涨，出版成本带来巨大压力，何况还有新媒体的夹击挑战，尽管有的报社想通过提价缓解困境，但终因大家协商不到一块，这五家报纸没有一家敢单独提价。反思之后，媒体就要研究报纸如何变同质为异质，办出各自的特色。当然，在这些报纸中有的锐意创新，走差异化经营之路取得了一定成效。之所以不提价，是因为有的报社有竞争策略方面的考虑。一位报社的负责人说："不提价，我们还能撑下去，别家媒体就未必能撑下去了。"

对于一家报纸或是整个报业集团来说，发行部分相对来说是可控的，而广告却受很多外部因素影响，基本处于不可控的状态。过分依赖广告收入无疑是把赌注押在了经济大形势和广告商身上，报纸内部不具备抵抗风险的能力，一旦外部政策或经济形势有变化，立刻就会反映在赢利上。面对脆弱的赢利结构，在传统媒体时代似乎摆脱困局最快捷的办法就是提价，尽快提高可控的发行收入。按理早就应该提价了，中国的报纸是全世界最便宜的报纸之一。世界第一报业大国日本，占有世界上发行量最大的报纸。其报纸经营收入包括广告、发行及其他方面的经营收入，其中发行收入占总收入的 50% 以上。我们国家那些靠一定行政手段发行的报刊当然也有可能达到 50% 以上，这些报刊一般来说广告较少，发行收入的比例就相对高了。而那些市场化高的都市类报纸等，发行收入一般只占总收入的 20% 至 30%，若无大量广告收入很难有好的效益，甚至连维持正常运转都难。不管有无纸张涨价风波，提价势在必行，但我们为何要等到陷入困境时，才被动应对？而且还要大家"集体"行动呢？透过这种被动应对和瞻前顾后的"集体"行动，我们看到了同质化的低层次竞争的弊端。在每个区域内，都有不止一家综合性报纸，虽然在影响力和运营状况方面有高低之分，但各家报纸在读者定位、新闻内容、营销方式上都有雷同之处，因此，都有一定可替代性。换句话说，鲜有报纸敢说自己是独一无二或者占有绝对优势的。在这个前提下，如果有一家报纸贸然提价，势必会造成发行量急剧下降。没有一家报纸敢做"吃螃蟹的人"。率先有所动作，可能就是率先死亡。

然而，这几年报纸之间不用"集体"协商提价了，那是因为当下传统报纸业界之间的竞争几乎烟消云散，大家共同面对的是新媒体的挑战。在这样的背景下，《南方周末》报价提到 5 元，包括机关报在内的报纸也都在提价。

三、精准内容定位与市场定位

企业常说产品定位，在新媒体时代媒体内容也被称为内容产品，而在传统媒体时代，没有称内容为"产品"的习惯。这里讲精准内容定位与市场定位，就是要从消费者需求和市场需求出发，确定新闻内容。随着媒体市场竞争越来越激烈，更要强调精准内容定位，以适应消费者的真正需求。

广告客户越来越精明，花钱越来越看重回报。他们自己有市场营销部门，不仅不会盲目相信报社自行公布的材料，而且对某些调查公司公布的数据也会打一个问号。他们扎实的功夫，并非是坐在编辑部里可以想象出来的。报业经营者毫无疑问对自身的状况是了解的，对自身拥有的发行量都有一个准确的数字统计，也清楚自身在行业中的口碑和读者中的公信力。出于推销自己以唤起读者和广告客户关注的目的，报纸利用媒体排行榜进行宣传也可以理解。不过，需要明确的是，排行榜鱼龙混杂，是否完全真实地反映报纸的现状，无论读者还是广告客户都会打个问号。广告客户投放广告后都会对广告效果进行监测，对各报的市场表现完全心中有数。因此，那些并非真正权威的第三方监测机构，一旦把并不科学公正的研究结果和数据通过媒体来传播，势必引发同行的质疑，还有可能造成弄巧成拙的被动局面。对于排行的炒作除了引起知情者的讪笑和同行的不快之外，往往无甚效果。另外，用自己的媒体自说自话，往自己脸上贴金，从传播的效果来看，引发的是受众和客户的反感，而不是认同。新闻人应该清楚，过于"直白"的宣传是兵家大忌。

其实，一家报社能否吸纳更多广告的关键在于通过优质内容形成的持续的影响力。影响力包括：社会影响力和市场有效影响力。社会影响力，就是它的美誉度，是读者对它的持续忠诚度。社会影响力是报纸吸纳广告的基础，也是最重要的条件。没有优质内容营造的社会影响力，报纸鲜有人知道，或者曾有过影响力但呈现下降的趋势，广告客户怎会认同？市场有效影响力则包括三个方面：总发行量、精准发行量（广告客户认同的读者）和广告客户投放广告后测定的有效回报率。没有一定发行量就不可能有社会影响力，但也不是发行量越多影响力就越大，还要看你影响到的人群结构如何。从广告经营的角度看，就是要影响到广告客户认准的目标读者。比如，如果中产阶级不看你的报纸，你的广告效果就会很有限。因为这一阶层的人比较年轻、比较有钱，他们要买车、买房及相关的配套设备，有较强的消费能力和消费需求。因此，媒体要紧紧抓住营造社会影响力和市场有效影响力来做好营销工作。这种营销不是简单的销售，它包括采编、印刷、发行、广告、售后服务等各个环节。营销到位了，影响力也就出来了。从报业经营的角度来看，强调自己的覆盖率、影响力，其直接动机和目的无非是想获得广告客户的认同，以得到更多的广告投放。但从报业多年的实践来看，影响力是营销出来的，而不是吹出来的。广告客户投放广告绝非像早些年那样容易被人"忽悠"。有这样一个故事：某报社对广告客户说其发行量最大，不信到报摊上看看。一看，销售最好的果然是该报纸。另一家报社也如法炮制，广告客户一看，这家报纸亦最好卖。广告客户起初有点犯糊涂了，后经细细分析发现，两家报社走的路径不同，一家专走老城区，另一家专走新城区。老城区老读者多，对某报情有独钟；而新城区多为新一代居民，年龄在20多岁到40多岁之间。由于后一种正是广告客户要争取的主流读者，因此其在平衡广告投放时，会往这家报社多投一些。另一家报社知道这一情况之后，找到了自己的不足，加强了在新城区的发行力度。

加大发行力度也不能从根本上解决问题，首先要做的是把内容定位与市场定位结合好。如果内容不适合新城区的读者定位，读者是不买账的。

四、传统媒体经营困境并非"内容"造成的

当下很多人一谈到媒体的困境，往往会讲到传统媒体的受众越来越少了，并与"内容"联系在一起。客观地讲，传统媒体的经营困境并非由"内容"造成。

互联网时代，在新技术的推动下，媒介形态异彩纷呈，新闻内容传播从来没有像今天这样迅速、覆盖面广、社会影响力大。我们说传统媒体的困境，其实就是两点。一是自身平台传播力的困境。尽管生产了很多新闻，但许多受众是从新媒体平台上看到的，自身的平台传播力弱。二是经营的困境。因为自身平台传播力弱，广告客户不愿投放广告，这就使对广告依赖性极强的媒体陷入了经营的困境。然而，新闻内容传播影响力极强，这是客观存在的。许多传统媒体都办有"两微一端"等传播平台，采写回来的新闻会迅速发布在这些平台上，社会上各类传播平台、自媒体人看到有价值的新闻后也会纷纷转发传播，

这就形成了官方舆论场与民间舆论场共同传播的新格局。据《2018 全国党报融合传播指数报告》统计，全国党报的网站开通率为 92.8%，微信公众号开通率为 76.4%，74% 的党报建设了自有客户端（App），68.7% 的党报开通了官方微博账号。由于只有传统媒体及其主办的部分新闻网站才有持证记者，所以中国的许多重大新闻是由它们最早发布的。尽管自身平台传播力弱，但各类社会平台合力传播，影响力就大了。从内容的对外传播来看，也有长足的进步。过去，我们在对外形象传播中，试图把报纸拿到海外发行，或者在海外办报，广播电视也作了很大的努力，取得了一定的成效。但我们不得不承认，"中国声音"的传播依然比较弱。互联网出现之后的多元媒介形态改变了这种对外传播的局面。比如在全世界，有 200 多个国家和地区的受众可以使用微信，涉及的语言有 20 多种。主流媒体报道的中国的重大决策、重大活动迅速通过社交平台传播到海外。

然而需要面对的现实是，传统媒体虽然生产的新闻内容还有很大影响力，却难免出现经营困境的尴尬。如何实现强大的传播力，包括内容传播力、自己构建的平台传播力，同时找到良好的经营模式，这是中国传媒业在转型中需要解决的问题。

改革开放作为中国历史的一大转折点，在推动经济社会高速发展的同时，也促进了传媒业的巨大变革。从恢复传媒的优良传统作风，到适应市场经济的创新发展，再到新媒体的转型，可以看出这 40 年是中国传媒业发展最为迅速的时期。当下传媒业出现新的困境，同时迎来新的发展机遇。从"全媒体"的视角来看，新闻的传播影响力越来越大，万物互联下的传媒产业正在往纵深发展，中国新闻业做大做强势在必行。

第二章

困境：纸媒转型的迷雾

…… ……

第一节 纸媒"寒潮"来临，互联网冲击传统报业

从 20 世纪末到 21 世纪初，中国报业迎来了欣欣向荣的高速发展时期，中国报业在这一时期甚至可以说达到了发展的巅峰时期，各大报业集团不断扩张，沉醉在对未来报业的美好想象之中。互联网的脚步悄然而至，当中国各大报业巨头正意气风发之时，许多人还没意识到网络科技的到来将会给中国报业带来怎样的危机和挑战，也没有想到网络信息时代的信息版图将带来翻天覆地的变化。从 2005 年开始，互联网对中国报业乃至全部传统媒体的冲击越来越强，传统报业的受众数量急剧下降，受此影响，报业广告收入的增幅也不断下降，报业集团的发展受阻，"报业寒冬"论出现。直至今日，报纸停刊、休刊的消息仍会时不时传出，互联网信息时代，报纸的消亡与转型成为学界、业界共同关注的话题。

一、互联网接入中国，网络媒体多重优势削弱传统报业优势

1994 年，中国打开了通向网络世界的大门，伴随着互联网络在中国的全面接通，一个改革创新、充满奇迹、激情四射的网络时代在中国拉开帷幕。几乎是在中国网络时代到来的那一刻，互联网先天具备的媒体属性便开始显现，网络媒体的种子开始在中国萌动、发芽。

伴随着互联网在中国的纵深发展，互联网信息产业开始在中国崭露头角：1997 年 6 月，丁磊创立网易；1998 年 2 月，张朝阳成立搜狐网；1998 年 11 月，马化腾、张志东等五位创始人创立腾讯；1998 年 12 月，王志东创立新浪……这一批"吃螃蟹的人"掀起了中国信息传播改革创新的大浪潮，成为中国互联网发展初期的四大门户，受到越来越多用户的关注。以赢利为目的的商业网络媒体踏上历史舞台，一批以新浪、搜狐、网易、腾讯为代表的商业门户网站在短时间内迅速崛起并涉足网络信息传播领域，一场巨大而深刻的变革由此拉开帷幕。以赢利为目的的商业网络媒体的加入，让网络媒体变得更为丰富多彩，有

力地推动着中国网络媒体的发展，但同时，商业网络媒体与原有的信息传播格局也产生了矛盾和摩擦。

互联网新闻以其得天独厚的优势，冲击着传统报业新闻。一是信息交换的互动性。报纸的传播方式通常是单向的，难以做到反馈和即时沟通，但网络却可以做到，网络新闻可以留言、评论，既可以与传播者互动，又可以与其他受众互动，甚至可以通过网络与事件当事人互动。网络使得人际传播、群体传播、大众传播融为一体，模糊了传播者和受众的界限，使即时互联互通成为可能，信息的即时满足能力让传统纸媒难以望其项背。二是互联网新闻信息的丰富性。在互联网上，我们可以将无限丰富的材料立体式地发布，而且其内容不受限制，同时，我们也可以在网上找到任何我们需要的新闻信息。报纸再怎么做，新闻数量也不可能多得过互联网，逐渐地，人们把寻求信息的欲望从报纸转移到了互联网。三是互联网的及时性。网络更新速度快，不受印刷、运输、发行、编制等因素的限制，新闻信息几乎可以做到同步发送，随着直播技术的不断发展，人们可以随时随地获取最新资讯。四是互联网成本低。纸媒从原料到分发，除了内容制作外的环节也都需要大量的人力投入，成本比互联网高得多。五是满足受众说话的愿望。以前看新闻，只能看，难以表达个人观点，互联网的出现满足了社会大众的表达需要，并逐渐趋向于信息交换的个性化，满足每个人的新闻信息需要和信息表达需要。

现如今，中国已经成为拥有 8.54 亿网民（截至 2019 年 6 月）的网络大国，社会主义市场经济的稳定发展，网络媒体产业的蓬勃繁荣，互联网普及率的高速增长，中国互联网基础资源的不断优化，为网络媒体的生存和发展提供了肥沃的土壤。越来越多人抛弃"纸化"选择"无纸化"，网络媒体对传统报业的冲击越来越猛烈。

二、危机意识缺乏，网络报起步早、成效小

传统报业很晚才涉足互联网吗？其实不然，传统报纸的网络化尝试比中国互联网发展初期的四大门户网站还要早得多。

1995 年 1 月，《神州学人》杂志开始在网络发行，这是一个由国家教委创办，面向世界各地留学人员发行的刊物，主要为海外留学生提供一个了解祖国情况、资讯的平台；10 月，《中国贸易报》成为第一家步入网络平台的报纸；

12 月，《中国日报》官方网站开通，成为中国第一家网络办报的全国性日报。网络的媒体属性在中国日渐明显。

1995 年 10 月 20 日，《中国贸易报》开始网络报纸的创办，部分学者认为这是中国报纸进入电子化时代的标志。受到《中国贸易报》的电子报试点影响，有不少报纸推出了 PDF 电子版。1996 年 1 月 2 日，《广州日报》推出了网络版，新华社的《中国证券报》也在同一天上网；1 月 13 日，《人民日报》上网。此外，还有《解放日报》《南方日报》等省级党报，以《经济日报》为代表的中央级报纸，以《金融时报》为代表的行业报纸，以《新民晚报》等为代表的晚报、都市报等 30 多家报纸也在当年推出了网络版。

1997 年 1 月 1 日，《人民日报》正式推出网络版；11 月 7 日，新华通讯社网站正式建立，中国的权威主流媒体开始进入网络进行信息传播。

电子版报纸可以说是中国最早的网络媒体，从 1995 年开始算起，直到三年后的 1998 年，搜狐和网易才正式推出新闻频道，成为真正意义上的网络媒体；而在此前，这些网站内容都没有涉足新闻；新浪于 1999 年 4 月才推出新闻频道，发布国内、国际、社会、体育、娱乐等各种新闻信息。至此，新闻门户网站才有雏形。

但这一时期，中国互联网发展不完善，能够使用互联网的人少之又少，传统报纸只是将互联网看作一个"新奇的小玩意"，并没有意识到其巨大能量，大部分报纸在网络上更新一段时间就结束了，并没有对网络媒体进行深入的研究和思考，虽然"入场"早，却没有突破性的成果。

三、报纸受众大幅减少，报纸发行萎靡不振

自 21 世纪初期，互联网开始广泛应用于社会各个方面，网络媒体蓬勃发展，传统报业发行市场疲软。自 2005 年起，许多报刊的发行销售量出现不同程度的下滑。

崔保国教授曾做过相关研究调查，根据中国报协对全国 65 家用纸量大的报社 2011 年、2012 年用纸量的统计数据来看，2012 年比 2011 年用纸量下降了 7%。报刊亭报纸销售量也呈下降趋势。世纪华文对全国 60 个城市几千家报刊亭的持续监测数据显示，2013 年上半年报刊亭报纸销售量同比下降 11.51%，环比下降 8.87%。诸如北京、上海、广州等人口规模相对较大、读者数量众多、

报刊亭销售媒体数量众多的城市，报纸总销量均有不同程度的下滑。2015年都市报零售发行量下降幅度达50.8%，2015年的报纸订阅率下降幅度也达到50%，读者流失情况严重。从报纸种类来看，财经类报纸、都市类报纸、IT（信息技术）类报纸、时政类报纸的销售同比均出现了明显的下滑，而党政类报纸出现一定的上升。2013年的统计数据显示，都市报的零售市场份额从2012年的62%下降到58%左右①，随后仍在继续下降。

随着新兴媒体和移动手持终端的发展以及报纸广告版面的减少，全国报纸总印刷量逐年大幅下降。国家统计局数据显示，2016年度全国报纸印刷总量为394亿份，较2015年的430.1亿份减少36.1亿份，下降幅度为8.39%。

根据2017年7月国家新闻出版广电总局发布的《2016年新闻出版产业分析报告》，2016年与2015年相比，全国共出版报纸1 894种，只下降0.6%；但总印数下降9.3%，为390.1亿份，总印张1 267.3亿印张，下降18.5%，报纸定价总金额408.2亿元，下降6.0%。报纸出版的营业收入为578.5亿元，下降7.6%；利润总额更是大幅下降15.7%，为30.1亿元。② 我国报纸出版收入整体呈下降趋势，2013年，报纸出版收入为776.6亿元，2017年报纸出版收入下降至578.3亿元。

这一系列数据都说明报纸受众大幅减少，报纸发行量下降趋势明显。

四、报纸广告收入不断下跌

根据 GroupM 的调查数据预估，2016年世界各国在报纸广告上的投入降低到526亿美元，降幅达到8.7%。这是继2009年降幅13.7%之后经历的又一大降幅。③ 报纸广告的收入大幅下滑，受新媒体广告冲击十分明显。自2012年起，伴随着网络广告投放渠道的逐渐成熟，再加上移动互联网的快速发展，互联网广告越来越受广告主欢迎。2012年，传统报刊的广告费用首次出现了负增长。在这之后，互联网广告不断创新、成熟，一直保持高速增长的态势，报纸广告

① 《中国报业四十年的改革发展之路》，中国报业搜狐客户端，https://www.sohu.com/a/230507691_268628，2018年5月5日。

② 《2016年新闻出版产业分析报告：全行业健康发展》，中国社会科学网，http://ex.cssn.cn/xwcbx/xwcbx_rdjj/201707/t20170726_3591683_3.shtml，2017年7月26日。

③ 《报业广告遭7年来最大降幅；移动端流量首超PC端》，搜狐网，http://www.sohu.com/a/118274871_118341，2016年11月6日。

一蹶不振。

在互联网到来之前，人们对于信息的获取方式单一，只能通过阅读报纸来获取新闻信息，报纸受众广，社会大众对纸媒阅读需求量大。自 2005 年"报业寒潮"开始，受经济大环境影响，房地产、汽车等行业的不景气，加上金融危机的影响，报纸广告收入不断减少。

2013 年报纸广告刊登额下降 8.1%；2014 年广告下降 18.3%；2015 年广告下降 35.4%；2016 年广告下降 38.7%。2016 年中国的报纸广告市场规模还不到 2011 年的三成。2017 年和 2018 年，短视频的兴起使得房地产、汽车等老牌广告商更加坚定地将广告投向互联网。

根据 CTR 媒介智讯的数据，2018 年中国整体广告市场增长 2.9%，其中，传统广告市场下降 1.5%。电视广告刊例收入减少 0.3%，广告时长减少 8.1%。广播广告刊例收入增加 5.9%，广告时长减少 5.1%。报纸和杂志的广告刊例收入分别下降 30.3%、8.6%。[①] 随着媒体类型的增多，其费用分配越来越分散。总体蛋糕就这么大，分给报纸的必然不断减少。

五、报业制度改革步履维艰

自 1978 年开始，报业的属性和功能不断变化，从纯粹的宣传事业单位，到逐渐市场化，再到后来的集团化。改革一直在进行，但改革并非一帆风顺，报业的定位引发各界讨论。2003 年，包括报刊业在内的整个文化体制改革的帷幕渐次拉开。2006 年，国家新闻出版总署出台《关于深化出版发行体制改革工作实施方案》，把非时政类报刊转企改制提上文化体制改革议事日程。陆陆续续几年间，中央和政府不断出台相应政策为转企改制铺路。2011 年 5 月，中央出台《关于深化非时政类报刊出版单位体制改革的意见》，进一步深化报纸改革。各种改革方案出台了，但总是出现报业收入来源问题、有些报刊内部环境过于安逸的"惰性"问题、自身定位的矛盾问题等，严重阻碍了报业的改革发展。

制度设计是报业改革的重要组成部分，"利益"制度与利益分配影响到整个制度框架的设计。《财经》杂志团队离职风波曾闹得沸沸扬扬，就利益而言

---

① 《CTR 媒介智讯最新发布：2018 年中国广告市场同比增长 2.9%》，搜狐网，http://www.sohu.com/a/296096351_99958508，2019 年 2 月 21 日。

有两种不同的声音：一种是为经营团队呼吁，认为他们贡献大，而得到的回报太少；另一种是站在投资方的立场上说话。刊发在某家报纸上的一篇明显偏向投资方的文章写道："胡王的主要矛盾是投资方与职业经理人的利益矛盾，这实在是中国最寻常、最普遍且正在激烈寻找彼此定位的矛盾，每日类似故事无数。胡舒立要求更大的权利，不仅是个人和团队的收入及股权更多，胡还试图拉来新的投资者，自己操盘《财经》，这捅到东家腰眼上了。"这篇文章一出，立即有人在网上驳斥。这里有两个问题要弄清：一是"利益"是不是客观存在的"必须"？二是"利益"的矛盾为什么不能解决，与制度设计是否相关？

投资人当然希望利益最大化，如果触犯了利益最大化当然就会产生特殊的举动。而作为经营方的首脑，要维护自己乃至整个团队的利益，也是很自然的。既然大家都需要考虑利益，就必须找到一个平衡点，也就是对双方都有利的妥协的办法。但是，发生矛盾后通过谈判能解决问题吗？有这样的先例，但平静难以持久，其局面必然处于一波未平、一波又起的恶性循环中。

举目看一看，我们现在有多少传统媒体的人才被挖走，尤其是具有职业经理人素质的人才，成熟一个就被挖一个，原因是多方面的，其中一个就是单位缺乏"利益"的激励机制。那些激励机制好的单位，往往以年薪加业绩激励员工，甚至用持股等激励方式将人才挖过去。当然，我们的传统媒体要建立完善的激励机制也很难，因为这关系到转制的问题。但是，再难也要想办法实施，尤其是那些非时政类的报刊，已具备转制和建立激励机制的条件，国家政策也对这类媒体放得更开。像《财经》杂志这类媒体属非时政类，而且早就实行了公司化运作，应尽快建立这种有利于各方"利益"的激励平台，无须再浪费时间和精力。

六、纸媒成本不断上涨，报纸版面不断压缩

自 2005 年开始，新闻纸的价格连年上涨，既有市场原因（如造纸厂数量减少，新闻纸供不应求），也有政策原因（如环保政策）。

新闻纸大幅提价让本已处在困境的报纸行业雪上加霜。在纸媒的收入还处于高点的时候，有些报纸往往会未雨绸缪，多储存一些新闻纸，以便在和造纸厂谈判的时候掌握一些主动权。但是后来新闻纸的用纸荒已经蔓延到了某些三线城市的地市级党媒，导致它们一度申请财政拨款用于购买新闻纸。

为了降低成本，一些报纸开始采取以下措施：一是将部分版面上传到新媒体平台，不再发行同期报纸。例如，《中国青年报》将周末版内容上传到客户端后，停止了同期报纸的发行。二是在原有版面设置的基础上减少版面。如有的报纸每期的版面数量原为 16 版或 20 版，后将版面数量改为 12 版或 16 版。三是在减少每期版面的同时，提高发行价格。四是直接降低发行频率。五是直接改变报纸的定位和刊期。如改日报为周刊。

七、"寒潮"之下，报纸依然供过于求

《黑龙江晨报》创刊于 1992 年 10 月 24 日，是中华人民共和国成立后第一份晨报，以犀利精辟的文字、深刻敏锐的观点、正确的舆论导向、服务社会的鲜明个性，在黑龙江省尤其是哈尔滨市报界独树一帜，赢得了广大读者的热爱；《西部商报》创刊于 2000 年 1 月 1 日，由甘肃日报报业集团主管主办，曾是兰州报业市场发行量、零售量及影响力第一的新锐媒体；《新疆都市报》创刊于 1998 年 10 月 9 日，是乌鲁木齐第一份综合性主流都市类报纸，曾是新疆报业市场第一品牌；《法制晚报》前身是《北京法制报》，2003 年底更名为"法制晚报"，曾是北京发行量排前三的报纸，其深度报道的影响力辐射全国。这些"顶着光环"的报纸，在市场面前，不得不选择停刊、休刊。2013 年 10 月 28 日，上海报业集团合并组建时，旗下正常出版的子报子刊共有 32 家，是全国拥有报刊数量最大的报业集团。2018 年，通过关停并转一些子报子刊，目前只有 21 家报刊还在运营，停掉了 11 家报刊……虽然停刊、休刊的报纸仍然在不断增加，但市场总体仍供过于求。

有学者发文称，报纸的停休刊既是该产业发展衰退阶段的必然行为，也是对前些年报业"暴利"时代盲目扩张、跑马圈地的另类惩罚。原本市场就不需要那么多的报纸，即使在报纸已经纷纷停休刊的今天，现存的上千种报纸依然是产能过剩的。

第二节　报业的转型实践尝试与重重困境

　　"寒冬已至"，报业的未来发展该去向何方？自 2005 年"报业寒冬"论出现，各大报业的转型与探索一直未曾停歇，南方报业"新闻数码港"概念的提出与践行、各大媒体内容付费的尝试、大型报业集团融合的实践……这些案例值得我们不断思考。

一、南方报业：打造"新闻数码港"

　　2005 年 10 月 17 日 4 时 33 分，神舟六号载人航天飞船顺利返航，3 小时后，当用户从睡梦中醒来，第一时间便通过手机接收到了来自南方报业"手机报纸"传递的喜讯。2006 年，为应对新媒体的挑战，南方报业开始实施结构、业务和竞争战略的变革。2006 年 8 月 8 日是南方报业推出的"手机报纸"一周年纪念日，南方报业推出的彩信版、WAP 版"手机报纸"，经过一年的"亲密接触"，积累了一定的用户。《南方日报》和《南方都市报》两份"手机报纸"每天与报纸同步出版。早上 7 点，读者无论是在家里，还是在地铁里、公交车上，只要打开手机，就能读到最新鲜的新闻资讯。当遇到突发事件或重大新闻时，"手机报纸"还即时发布新闻，让读者"抢鲜"阅读。

　　这一年里，南方报业已完成对《城市画报》《名牌》《南方人物周刊》《南方周末》《南方农村报》等报刊的接入上线，并使之纳入广东移动统一的手机报刊门户。手机版《南方农村报》在肇庆、江门等农业地市已经有 6 万多用户。为给用户提供更具个性化的服务，南方报业"手机报纸"对集团旗下报刊资源进行了优化整合。例如，整合《南方都市报》周一汽车杂志、《南方周末》汽车版信息，对华南地区乃至全国汽车市场提供权威的汽车资讯和专业评论，吸引了车友和汽车企业高层人士的关注和认同。

　　在世界杯期间，独立包装世界杯特刊彩信，以适应球迷对世界杯信息的需求；充分发挥《南方都市报》《南方日报》时事评论版块的优势，包装时评版；

对《南方都市报》汽车杂志、地产杂志进行包装，以适应高端用户的需求。

除手机媒体外，南方报业还借鉴和利用网络媒体的传播与运营模式，通过纸质媒体、网络媒体与手机媒体的整合，实现三者的无缝连接，将纸质媒体的定期出版与网络媒体、手机媒体的即时滚动更新有机结合起来，使得传统报业的新闻资源优势、信息整合优势与新的信息技术传播优势相结合，拓展报业的生存空间，推动南方报业从单一的平面媒体集团向立体的多媒体传媒集团转型。

新兴媒体对于报业来说并不可怕，新兴媒体的挑战是传统媒体变革创新、不断进步的动力。

随着中国传媒业竞争的推进，单靠报业或者报业集团内部资源已经很难整合出更新、更大的竞争优势。不断变化的市场环境对多媒体传媒集团发展提出了新的要求，只有更加善于利用更多的外部资源，才能突破以媒体细分市场为单位的竞争规则，用新的方式、新的模式、新的游戏规则领先竞争。这就需要变革。应对新媒体的挑战，传统媒体的报业特别是报业集团，要实施组织结构、业务和流程以及竞争战略的变革。

首先是组织结构上，实现从报业集团到传媒集团的变革。报业集团大多是以报纸为主、拥有多个报刊媒体的平面媒体组团，其利用新媒体、新技术主要是为自身报刊提升价值、赢得竞争。传媒集团就不一样，不管是脱胎于报业还是广电，传媒集团都同时拥有多种形态的媒体，使用多种先进的传播技术参与移动传播，以更丰富的内容，通过更迅速的渠道和更便捷的载体，更全面、更立体化地影响着不同的受众，创造着比单一形态媒体组团更加强大的传媒影响力。传媒集团的新兴媒体项目的功能，已经从单一服务于报纸、提升报纸竞争力，变成分享整个新兴媒体行业更丰厚回报的赢利中心。正因为看到了这一点，南方日报报业集团更名为"南方报业传媒集团"，这是推动、实施变革的第一步——集团组织结构的变革。要应对新兴媒体的挑战、应用新的传播技术，报业就要把核心业务从版面的制作、报纸的出版，提升到适时、互动、个性化的新闻内容和相关信息的创造上来。报业如果把核心业务放到新闻内容和相关信息的创造上，那么网络和移动传播就不是报纸的替代品，而是新闻传播价值链的下游。

从新闻采编到内容创造，报业要推动实施的第二步变革，是业务和流程的变革。一方面，报业要进行业务流程再造，改革原来采访写稿的习惯：日报类的记者采访后几小时发稿，周报类的几天后发稿。这种旧有的新闻传播方式所创造的内容资源不再适应新的传播价值链，现场发稿、滚动发稿是报业记者必须学习的生存技巧。另一方面，报业传媒集团要获得内容创造的优势，就必须构建统一的新闻信息数字化处理平台，对优势的内容资源进行整合，将原来仅供报纸版面的新闻内容编辑延伸成多种传播形态的新闻产品。这个平台在国外有人称其为"超级编辑部"，南方报业曾把它叫作"南方新闻数码港"。记者通过不断滚动发稿，在这个平台上提供多种媒体所需的内容，通过满足多种媒体的需要占领市场。

报业应对新媒体挑战的变革焦点，是要实现从媒体竞争到战略竞争的转变。以后竞争的，可能不再是一个版面、一个区域、一个媒体，而是从报业到整个传媒业的成长方向选择，是新闻和互动平台的业务组合，是内容整合的标准和技巧。竞争的关键，是战略性资源的获取能力和配置整合能力。资金、资源、渠道、人才以及对它们的驾驭，将是传媒集团赢得传媒业内部竞争的基础。

二、内容付费的尝试

2006 年 2 月，《浙江日报》与"方正"携手，推出了全球第一张中文数字报纸；同年 8 月 1 日，中国第一份多媒体数字报纸《宁波日报》问世；2007 年 4 月 5 日，在深圳首届科技生活博览会上，中国第一份移动数字报纸《广州日报移动数字报纸》正式面世；同年 4 月 8 日，中国第一份采取付费订阅的数字报纸《温州数字报纸》正式发行。

报界开始办数字报时并没有一个很清晰的经营思路，也很难产生，只能在实践中探索。起初，多停留在一般的与传统纸媒的互动中，力求产生一定的影响力，但在"烧钱"越来越多，纸质媒体也碰到经营困境的情况下，数字报的赢利模式已成为创办者心急如焚的问题。最直接的办法就是付费阅读。对此有人认为，这样做既有收入又可促使未付钱的读者看纸质报，确保了报纸的发行量。事情并非想象的那么简单，报纸要经营得好需要有影响力，而网络的传播能扩大影响力，但实行数字报收费之后，愿意付费阅读的人并不多，影响力在下降，而影响力一下降，就会影响广告客户对广告的投放。收费与不收费这种两难的选择，使纸媒单位在经营数字化报纸过程中陷入尴尬。因此，数字化报纸的收费一直以来并不顺利。西方国家也一样，有收的，有不收的，或收了又停、停了又收的，反反复复。

由于《人民日报》的特殊影响力，其数字报实行收费，再度引发了困扰业界已久的关于数字报业赢利模式困境问题的思考。《人民日报》数字报实行的收费模式有三种：每月24元；半年128元；全年198元。读者可以通过在线支付、银行转账和邮局汇款三种方式支付。其实，早在2009年11月举行的第九届中国网络媒体论坛上，人民网资讯部负责人就透露，2010年《人民日报》数字版将实行收费阅读，并表示，预计这一举措在短期内不会带来太大收益，但将促进报纸的发行，并为防止盗版侵权提供技术保障。全球金融危机的蔓延，使一连串的美国大报或申请破产或关闭或停止印刷纸质版，这不得不使报人重新考虑传统报纸150年来一成不变的经营模式是否需要更新换代。数字报纸收费发行颠覆了互联网原有的"免费午餐"，也改变了原有的"信息换广告"的经营模式，似乎为传统报纸数字化转型开辟了一条新的道路，但对于大多数报社而言，仍然是持谨慎观望态度者居多。《2007—2008年中国数字出版产业年度报告》显示，截至2008年7月，全国定期出版的数字报纸已有600多份，其中39家报业集团中已有37家发布了数字报刊。2008年7月4日，中国出版科学研究所国家数字出版实验室公布的《多媒体数字报纸使用功能测试报告》结果显示，在该测试报告涉及的全国400多家多媒体数字报纸中，仅有4%为付费浏览。这些数字反映了一个令人尴尬的事实。经过一段时间，连同《人民日报》在内的报纸全部取消了数字报的付费，数字报业至今仍像一只走不出泥潭的困兽，在苦苦探索合适的赢利模式。

2017年10月16日，财新传媒发出公告，称其自11月6日起，将启动财经新闻全面收费。除目前《财新周刊》、财新"数据＋"、"Caixin Global"继续收费外，财新网的主要新闻内容也将实行收费或分时收费（即48小时内免费，然后转入收费）。同时，财新传媒将通过"四通"产品——"财新通""周刊通""数据通""英文通"来满足不同用户的阅读需求。财新传媒的收费过渡已于10月17日开始。购买《财新周刊》数字版（298元/年），可立即成为用户，并在三周后平稳过渡为"财新通"用户（498元/年）。摸着石头过河，财新传媒探索建立新闻"付费墙"的勇气和改革创新新闻内容运营模式的尝试值得鼓励。一提到新闻付费，人们往往想到美国的《华尔街日报》和《纽约时报》，这两家媒体经过对新闻"付费墙"进行长时间的艰难探索和改革实践，终于取得了一定的效果。但是，中国的信息传播环境与美国存在相当大的差别，要走的路更长。中国读者习惯于获取免费的信息资讯，也有能力通过各种各样的渠道来免费获取信息资讯，正如财新掌门人胡舒立所言，"培育一个收费市场是非常难的事"。

三、报纸"早转型早死，不转型等死"的困境

传统媒体向新媒体转型的过程中有一种说法："不介入，等死！早介入，早死！"真是进退两难，莫衷一是。"等死"和"早死"论并非凭空而生，而是业界、学界接触现实之后的直观感受。

如今，新的传播手段层出不穷，那些早期掌握新技术并结合自身实际创办新载体者，有的已获得了巨大的成功，尤其是那些著名的商业门户网站。但有的并不能顺畅发展，尤其是许多传统媒体在向新媒体进军的过程中陷入了困境。

"等死"的表现，就是面对新的传播技术的迅猛发展，无动于衷。也许是对新媒体咄咄逼人的态势视而不见，依然完全留恋传统媒体的操作；也许是对新的传播技术不熟悉，不知从何着手介入，在束手无策中放弃对新媒体的探索。

"早死"的表现，就是在盲目推进中，屡遭挫折。虽然明白新媒体对传统媒体的冲击，也看到商业门户网站赚了大钱，但没有弄清自己的优势和劣势在哪里，就急急忙忙介入，结果投入大量资金却没有良好的回报，甚至亏了大本。方向不明乱投入，不仅新媒体未能成功，还拖累了传统媒体。

如果传统媒体还一味死守现有的运营模式，肯定还会不断萎缩，从长远来看将会面临更为严峻的危机。因此，不能忽略对新的传播技术的应用。在应对中，一方面要进行创办新媒体的探索，另一方面要积极吸收和运用新的传播技术对传统媒体进行改造升级。

四、硬撑，不如早了断

2009 年，《中华新闻报》停刊，在业内引起一波震动。毕竟它不是一般机构办的报纸，而是由中华全国新闻工作者协会（简称"中国记协"）主办，中央级媒体经营不善停办当属首家。中国记协与全国那么多地方记协和新闻单位有联系，怎么连一份报纸都容不下？还真觉得有点不可思议。但只要细心观察一下报纸的生存环境，也就不难理解了。中国的报纸能生存下来的有这么几种情况：一是市场化程度高，完全靠走市场打拼。二是权威性极强的报纸，比如

党委机关报，凭借政府资源的支撑一般能经营下去，就是发生了经济困难，政府财政也会支持。三是背靠大机关、大机构（包括大企业）的报社，由于主管主办单位经费充裕，挤点钱出来扶持报刊并非难事。四是办得好的行业报，业内欢迎，以较高的定价发行，不亏本。还有一种行业报尽管办得困难，并与主管机关脱了钩，但主管方依然暗中变相支持。

《中华新闻报》有上述的优势吗？它并非国家确保的类似党委机关报这样的权威报纸，国家财政不可能给它扶持。在无法维持正常运转的情况下，只能求助于主管主办单位——中国记协。然而，这个机构的事业经费是有限的，偶尔打点"强心剂"是可以的，如果长期亏空，不停填窟窿断然做不到。另一条途径是联络各媒体，动用一点资源支持。但它们之间没有直接的上下级关系，业务关系有一些，比如评奖、职业道德教育等，然而这种关系并非"铁"的关系，刚性不够。如果只是一种沟通、协调、联络的关系，达不到唇齿相依的程度，结不成实际的利益共同体，就很难要求媒体全力支持你办报。有时出于友谊、感情，偶尔支持可以，长期如此绝无可能。那么，唯一的出路就是走市场了。然而，走市场容易吗？当年创办这份报纸的宗旨还是出于业内交流的需要，如果按市场化思路来办报的话，肯定有悖初衷。但在不得已的情况下，也可以这样做。中国记协肯定也想过这个问题。然而，要是早些年也许还可以，现在越来越难了。办报最起码的条件就是资金和人才，人才也与资金相连，没有好的待遇也难以吸纳高层次人才。这两个条件中华新闻报社都难以做到，除非有社会资本强力进入。但中华新闻报社已严重资不抵债，它要考虑消化现有人员和承担原有的债务，再加上面临金融风暴和新媒体的冲击，在并非办报的黄金时代，鲜有人敢冒这个风险。事实上，该报曾多次试图引进战略资本，但都未能如愿。面对这样的办报环境和自身的困境，如果再拖下去，肯定会继续亏空，债务越来越重。我们经常讲报纸的核心竞争力，中华新闻报社的核心竞争力在哪里？说不上来。与其硬支撑下去，倒不如尽快了断。《中华新闻报》的退出起到了示范作用。原国家新闻出版总署早就提出非时政类报刊转制和报刊退出机制的问题，这也就是让你在走市场中求生存，办得好的自然会留下来，办不下去的自然淘汰。《中华新闻报》决非独自一家，后面还会有硬撑也撑不下去的。如此，才符合报业的市场规律。

五、媒体融合的曲折探索

2014 年，业界将其称为媒体融合元年。2014 年 8 月 18 日，中央全面深化改革领导小组第四次会议出台《关于推动传统媒体与新兴媒体融合发展的指导意见》。这份指导意见出台后，媒体成为国家战略布局的重要部分。自 2014 年以来，媒体融合成为中国报业发展的主旋律，并且与 2014 年前相比，媒体融合开始进入实质性阶段。

指导意见虽然出台了，但怎么做、做到何种程度，不少人还不太明白，中国不少报业集团既没有清晰的媒体融合规划，也没有对媒体融合的深刻思考和认识。相当一段时间内不少报纸还是以纸质报纸新闻为主，将互联网放在辅助位置或者是将其作为内容的延伸部分。

媒体融合初期，一部分报业的定位出现了问题。以打造报业新闻网站赢利模式为例，大部分还是依靠母媒体的"输血"过活。原因在哪里？在于报业把办网站当作报纸的一般延伸，走经营传统报纸的老路。一是把办网站当成一种补充或点缀。业界在发展新媒体上盲目跟风，几乎每家报业单位都建立了网站，更有甚者，一家媒体内部拥有多个网站，开通手机报的也越来越多。在经营管理策略尚不明晰的情况下"一哄而上"，结果很可能造成极大的渠道资源浪费。二是没有核心竞争力。竞争对手到底是传统报纸媒体、商业门户网站还是同城其他报业网？举棋不定。多数新闻网站的经营处于对商业网站的学习模仿阶段，定位大致相同，缺乏针对性，除了少数电脑、财经、证券等专业性网站外，几乎都是打着综合性的招牌，小打小闹，亦步亦趋，成不了气候也在所难免。加之信息结构和运营方式大同小异，"千网一面"，传统报媒的同质化弊病在新生网站上继续上演。说"信息过剩"其实是重复信息的泛滥，这样势必会疏远受众。三是原创内容并不多，内容、平台、人才活不起来，媒体融合就难以成功。很多报网只是对报纸内容进行复制，仅仅作为报纸的附属品和辅助宣传工具而存在。报业办网的初衷是占领网上舆论阵地，扩大报业品牌在网络世界的影响力，提升自身的软实力。"翻版"的前提是假定网络受众是报纸被分流出去的那一部分读者，这个读者群对报纸有一定的忠诚度，因此要通过网络版来留住他们。但是，报业网站的受众范围仅仅局限于此吗？报业办网应当对受众需求作出新的考量，比如是否可以将目标受众界定为年轻的"不读报的一代"？如若如此，那么相应的内容安排就应当重新洗牌。四是赢利模式尚在探索之中。不少媒体仍然延续着传统报纸的二次营销模式，即先卖影响力，再将广告吸引过来的传统办法。网站的这种影响力主要来自于母媒体，如果不对新生网站的品牌和公信力注入新鲜的活力，这种影响力势必"短命"。网站的广告还要承受来自门户网站等其他网站强有力的竞争，单靠广告收入难以维持生计。此外，报业办的手机报在发展中也遇到了很多问题，在赢利模式上难有实质性突破。五是人才还是纸媒原班人马，鲜有数字记者，或者全媒体记者。在传播技术上借用报媒的记者，用报媒报道的方式呈现新闻，效果有限。尝试多媒体新闻报道模式的网站屈指可数，习惯了纸媒的记者完全凭着自己的感觉摸索多媒体的路子，要么做嘉宾访谈类节目，要么进行自娱自乐式的采、编、播报道，结果严肃庄重不够、权威公信不足，山寨痕迹却显而易见，受众无法从中获得"体验"新闻的快感。报业办网不是为了赶时髦，报业新闻网站更不能局限于纸质媒体的网络化翻版，办网站不像办传统报纸那样轻车熟路，因为受众不同，传播方式不同。若以上问题得不到解决，新闻网站会成为报业经济的一个新包袱。

六、报业集团资源整合的实践

大型报业集团通过合并进行资源整合的案例有许多，引起社会各界的关注。2013 年，上海两大报业要合并的消息传出后，引发学界和业界的探讨。因为上海的主要报纸都集中在这两家报业，原本大家是同城的竞争关系，现在成为一家人了。是保持一种竞争的局面好，还是合并"和谐共存"好？整合是完全的行政行为，还是包括了市场导向的因素？这些都是传媒学界和业界十分关注的问题。

在报业整合中，行政推动不能忽视市场导向。报业整合是传媒大发展的趋势，上海两大报业合并之前已有不少报业有过类似的整合行动。大众报业与青岛报业合作办报就是一例。

2013 年 3 月 3 日，山东大众报业集团半岛传媒股份有限公司与青岛报业传媒集团有限公司签署战略合作框架协议，共同组建青岛新报传媒有限公司，管理运营《青岛早报》《青岛晚报》。在这之前山东大众报业集团已与潍坊、临沂、菏泽市报携手合作。再追溯到 2003 年 12 月，广东佛山整合当地平面媒体组建佛山日报传媒集团；2005 年 1 月，佛山再次发力整合包括纸媒、广播电视在内的全市媒体，组建跨媒体经营的佛山传媒集团。

深圳原来有以《深圳特区报》为龙头组建的报业集团，其主要对手有《深圳商报》。2002年9月两家合并为深圳报业集团，并陆续兼并了区一级的报纸和一些行业报，并创办新的报纸。

上海的此次合并行动有点类似于深圳的情况，即把全市的主要报纸都划归在一个大集团的统领下。不过，深圳毕竟只是一个副省级城市，报业的规模与上海相比不是一个层次。上海是层次更高、地位更为重要的城市，其两大报业的合作牵涉的报纸种类、人员更为广泛。当然，整合难度也更大。纸媒各种形式的整合有其必然性和合理性。中国的报业乃至传媒业都比较分散，太多、太散。还有一个问题就是，纸媒趋同经营、同质化竞争非常突出。同一个大城市有多家同类型的报纸，内容大同小异，运营模式互相模仿。当今中国报业经营情况恶化，发行量下降，赢利能力弱化，这里面包含了多种因素，其中与严峻的竞争环境有关，不只是新媒体的挑战，也有传统报纸之间的不良竞争。国外早就有大型的传播集团，还有不少是跨国界的。美国六大集团基本控制了全国的报刊、广电、互联网等媒体，日本五大报纸控制了全国报纸50%的市场份额。中国报业尽管经过多次的整编，但太多、太散的痼疾依旧。一方面，我们未做大做强；另一方面，国外的大型传媒集团早已对中国市场虎视眈眈。随着中国市场进一步与国际接轨，中国报业的"小舢板"状况是很难经受得起国外传媒巨头汹涌来袭的风浪的。整合散乱的报业局面，通过联合、兼并、重组、资源置换等多种手段消减恶性竞争，运用现代企业经营手段聚合优势资源，形成规模化、产业化以实现价值最大化，已是大势所趋。这也将是未来报业重新焕发生机的可行之道。当然，前提是，这种联合应是报业自身的进一步解放，即卸掉观念束缚，打破内部制度壁垒，将自身置于市场主体地位。

从这些年报业互相整合的类型来看，有强强联合的，也有"大鱼吃小鱼"的。合作中也有不同的形式，有的完全并到一个主管单位。比如深圳的《宝安日报》原是区一级的机关报，在合并中完全脱离区一级的行政管辖，人、财、物完全移交给深圳报业集团。而山东大众报业与青岛报业合作成立的青岛新报传媒有限公司，却又是另一种形式：山东大众报业集团半岛传媒股份有限公司与青岛报业传媒集团有限公司，双方本着整合资源、互惠互利、共同发展的原则，各占50%的股权。这是股权合作，是以经济为纽带的合作。

从整合的力量来看，有来自外部力量的，主要是政府行政力量的推动；有以市场为导向的，即合作双方基于市场化的要求，期待自愿联合的。还有两者兼而有之，即市场导向和政府行政力量共同推动的，大众报业集团就比较像这种类型。山东省委、省政府早就期待以机关报为龙头的大众报业集团能成为山东报业的旗舰。2003 年 6 月，大众报业集团被国家确定为全国文化体制改革试点单位。山东省非时政类报刊改革全面启动的一个重要举措就是，把支持大众报业集团整合地市和行业非时政类报刊，组建大型传媒集团，写进了"红头文件"。但总体来说，省委、省政府并没有下令大众报业去兼并哪一家报纸，而是大众报业及合作单位有自身的追求和欲望。大众报业主要在青岛发行的《半岛都市报》，与当地的《青岛日报》《青岛晚报》两家报纸竞争日趋激烈。管辖当地两家报纸的青岛报业传媒集团及主管部门，有意向与大众报业合作，而大众报业也有整合当地报业资源的意愿。两大集团一拍即合，由竞争走向竞合，青岛报业市场的竞争环境得到极大改善。新成立的青岛新报传媒有限公司可以统筹优化资源分配，实现优势互补，走出消耗式竞争怪圈，提升整体实力以面对外部挑战。不只是青岛，在这之前，大众报业就已形成了具有鲜明特色的"股权连接，利益联合，文化融合"的报业资源重组的"大众报业模式"：与合作单位共同经营《潍坊晚报》《沂蒙晚报》，控股经营《鲁南商报》，统一运营《牡丹晚报》。当然，媒体变化会越来越大，能否坚持下去也说不准。

实践使我们看到，在报业整合中，政府行政力量推动与市场导向推动相结合，效果最佳。政府推动，肯定力度大、速度快；而市场导向则是持续稳定发展的保证。由于长期受事业体制的影响，再加上中国传媒业特别是报业的开放程度并不高，如果只重视政府推动，而不重视市场导向，将出现"集"而不"团"的貌合神离的局面，不能达到打造报业旗舰的效果。

第三节 纸媒转型受阻的原因探析

在传统媒体转型的过程中，每一位改革者都有许许多多的困惑，转型的方向在哪？要如何落实？在落实的过程中出现偏差怎么办？"工欲善其事，必先利其器"，欲推动报纸成功转型，必先分析其转型受阻的原因有哪些。

一、"内容为王"应赋予新的内涵

传统媒体在往新媒体转型的过程中，还要不要坚持"内容为王"，是个颇具争议性的问题。

其实，在新媒体尚未形成气候的年代，"内容为王"就受到了挑战。有一个很典型的例子，早些年《广州日报》在广州地区率先实行自办发行，提出"《广州日报》比太阳还早"的口号，一早将报纸送到报摊，送到家庭以及机关、企事业单位，迅速改变了发行的被动局面，发行量大增也带动了广告收入的大幅攀升。这种营销手段带来的突变，可称为"渠道为王"。还有的纸媒由于为客户服务做得好，带动了广告增长，又被称为"服务为王"。然而我们不能忽略的是，这些报纸的内容也应该说做得不赖。发行渠道再好、服务再周到，如果内容做不好，不可能维持受众的忠诚度。所以，毫无疑问，在传统媒体之间的相互竞争中，单靠"内容为王"难以取胜，还必须与"渠道""服务"等王道相伴而行，但"内容"依然是根基。

进入新媒体时代之后，情况有了很大变化。过去的"内容为王"很大程度上取决于"独家新闻"，现在网络发达，微博和微信等渠道传播迅速，还能让传统媒体继续占有"独家新闻"吗？显然不可能。与此同时，传统媒体在新媒体的影响下，也跃跃欲试，不但与新媒体互动，自己也创办了新媒体，这种自创的新媒体又何以"内容为王"？

要从两方面适应这种变化：

其一，在新媒体冲击下的传统媒体要生存发展，需要包括形态、内容、营销等方面的创新，其中"内容"依然至关重要。既然纸媒还在办，就无法绕过"内容"。如果说传统纸媒较之新媒体还有什么优势的话，那就是大批专业记者有很强的做内容的能力。但现实又明摆着，信息的快速传播使传统纸媒不再占有"独家"内容的优势。这就必须改变传统的做法，不应继续把抢占独家新闻作为经营内容的主要手段。要精心挖掘更深层次的信息，并运用更专业的手段对信息进行整合，为受众提供新媒体一时无法代替的高品位的内容服务。这些年媒体强化深度报道、调查性报道、非虚构写作、评论等，就是一种应对之举。没有"独家"新闻，但可以有独家视角、独家观点。也就是赋予传统纸媒的"内容为王"新的内容，以寻求新的出路。

其二，传统媒体办新媒体，不能按办传统媒体的思维方式去理解"内容为王"。报纸长期以来是单向传播，"我写你看"。新媒体无论是创办者还是使用者都能创造"内容"，互动性强，以受众为中心，以用户体验为第一位。传统媒体创办的新媒体要让用户真正体验到其价值，内容才有真正的意义。而且，博客、视频等已被称为产品，因此这里所讲的"内容"，从新媒体用户体验的角度来看，已不是"内容阅读"，而是"产品使用"。产品使用比内容阅读更吸引受众，只有让用户真正想"用"，这个内容产品才能卖出去，实现其价值。

从这个角度来看，"内容为王"不只是过去时代媒体的特质，而且至今仍有现实意义。其关键的问题在于提供的是什么样的内容，是站在传媒人自我欣赏的角度，还是站在用户体验的角度。快速满足用户需求，让用户体验到其价值，甚至超出用户期望的价值，用户的黏性自然增强。目标用户不离不弃了，媒体就能走出困境，找到市场模式、赢利模式，以实现自身的发展壮大。

二、报业市场秩序失范

报业集团忙于应对业外竞争，疏于报业内部市场竞争秩序的建立。近年来，纸媒总考虑怎么与新媒体竞争，但对传统媒体本身如何建立良性的报业竞争秩序却考虑不多。与国外报纸的售价相比，国内报纸的售价明显偏低。一方面，与国人生活水平及"难接受物价不断上涨"的心理承受力有关；另一方面，报业内部恶性竞争，总想通过低价压垮竞争对手。若各相关报纸达成共识，共同提价，不会改变各自的竞争地位和市场格局，可实现共赢。报业需要竞争才能发展，也需要共同营造良好的市场竞争环境，才能健康发展。

三、报业经营单一

经营单一，多元化经营未走上轨道。报业营业收入基本上靠发行、广告和印刷（承担外件业务），过分依赖广告是大多数报纸的通病。而广告经营也主要集中于几个行业，一旦发生行业危机，广告就有可能大幅下滑。因此，要发挥报业自身的优势，将报业的相关多元化经营开展起来，才能防止因纸价和广告波动引发的经营危机。摆脱较单一的报业经营局面，探索多种渠道，分散经营风险，寻求新的利润增长点，就成了许多报业经营者的必然选择。

四、夹缝中的报业人事管理

报业人事制度的"夹缝"现象是由中国报业所处的环境、地位所决定的，各地、各单位都有差异，多数既不同于机关、事业单位，又不完全实行企业的办法。在社会转型期，这种现象更加突出。

人事制度取决于对报社性质的认定，多数地方认定为"事业单位，企业管理"：许多地方的党委机关报执行的各种相关制度、纪律都参照党委的规定；在经济上则采取"自收自支，照章纳税"的办法，与其他国有企业一样自主经营，从这个角度看，它又是企业。

这种性质决定了报社的人事管理模式。改革开放后，报社的改革也在深化，许多地方成立了报业集团，未成立报业集团的报社，其经营方面也呈多元化发展。在发展过程中，除了办报之外，又形成了许多经营性的企业，原有的人事管理制度已不能适应了。因此在正式员工之外，又有临时工的说法，后来又出现"聘用人员"的说法。改革比较快的单位，已经打破了"正式员工"与"聘用员工"的界限，一律实行聘任制，同工同酬。改革难度大的单位实行多种用工形式，如有些报业集团的用工制度分为五类：正式工（一般为老员工）、紧密型聘用人员、次紧密型聘用人员、松散型聘用人员、临时工。正式工不签合同，几乎是终身制，不犯大错，原则上不能"炒"；紧密型聘用人员与正式工差不多，所不同的是要签合同，合同到期后可以不续约；次紧密型聘用人员的一些基本待遇比紧密型的低一些，待成为骨干后再转成紧密型聘用人员；松散型聘用人员多为各部门自聘，工资待遇由各部门自定；临时工一般是工作不太固定、经常更换人员的工种，如送报员、按所拉广告提成的业务人员等。不管哪一种用工形式，国家的一些政策如社保等都要按规定执行。

同工同酬为何难以实行？新闻单位当然能看到同工不同酬的弊端，却又长期不予解决，原因何在？这是国有企业长期积累下来的问题，那些"资历长"的老报社中老员工较多，考虑老员工长期在报业工作的积累和对报社作出的贡献，必须给予较好的待遇。同工同酬的前提是弄清市场的劳动力价格后，参照这种价格确定人员的岗位报酬，比如某媒体机构办公室工勤人员花 4 000 ~ 5 000元可请到，而老员工的工资已经是 7 000 ~ 8 000 元了，如果实行同工同酬，就必须把老员工的工资压一点，把新聘人员的工资提一点，这势必引发老员工的思想震荡，不利于和谐稳定。另外，老员工过去的工资并不高，而离退休的年限又近，工资降下来对他们的生活影响较大，也是对他们长期以来所作贡献的不尊重。所以，碰到这种情况，很多单位都不敢轻举妄动，只能实行"老人老办法，新人新办法"。另外，紧密型与次紧密型、松散型聘用人员的待遇不同，也有一定的客观原因。紧密型聘用人员一般是通过严格程序、层层把关进来的，如某集团聘用紧密型聘用人员采取"报名筛选—考试—面试—人事部门提出意见、党委集体讨论决定"的程序，总体上素质较高，比较整齐，差别不大。而那些以松散方式进来的聘用人员，往往是具体部门在缺人的情况下匆忙引进的，虽不乏高手，但水平参差不齐，差异很大，总体上不如经严格程序进来的人员。这也给同工同酬带来操作困难。

五、报业"后备军"不足

新媒体兴盛之后，传媒业界对人才的需求发生了变化。随着市场经济的发展，传统媒体也被推向了市场。在竞争越来越激烈的背景下，许多媒体试图摆脱同质化的倾向，走个性化的道路，办出自己的特色。常挂在媒体管理者嘴边的就是"复合型人才""深度报道人才""善于策划的人才""有独特视觉的人才""专业型人才"。传媒专业的学生只是他们招人计划中的一部分，具有其他专业背景的学生也进入了他们的视野。相当多的业界人士还认为："传媒学生虽然上手快，但后劲不足。"因此，传统媒体逐步减少了对传媒毕业生的录用量，尤其是那些知名的媒体更是把招人的视野放得更加宽阔。

进入新媒体时代后，媒体竞争加剧，传统媒体对传媒学生的要求越来越高。尽管传媒院系也作了很大努力，强化多学科的教育，力求提升学生的发展后劲，但业界并非只是针对传媒学生，别的学科毕业的学生进入传统媒体的人数也在下降。当然，也有些专业在上升，比如越来越多具有计算机、网络设计等学科背景的毕业生进入传统媒体机构，但其实他们进去后大多也不是做传统媒体，而是从事新媒体岗位。不少传媒学生因进不了传统媒体，失落感油然而生。

一方面优秀人才进不来，另一方面报社人才流失相当严重。一般来说，大学生毕业后有了两三年的职业经历是最好用的时候，可这个阶段的记者也最容易离开。部分人看中记者这个平台，其实是把这当成跳板，待时机成熟后他们就赶紧转型。当然还不能说是绝大多数，但已有明显的趋向。

传统媒体业界死守"老祖宗"的运营路径是没有出路的，也不可能被传媒学生认可。同样的道理，传媒学界仅凭原有的传媒专业知识的储备是不能带来创新动力的，也不会被业界认可。与其苛责别人将自己抛弃，不如先从拯救自己开始。

六、改革创新理念亟待提升

改革创新是唯一的出路。我们经常讲"内容为王"，还灵吗？又灵又不灵。单单依靠内容还不够，还要有"服务为王""渠道为王""技术为王"，但"内容为王"依然是基本功。没有良好的内容，再好的渠道和优质的服务，也未必能吸引受众。但同时，通过多种传播手段呈现良好的内容，变得越来越重要。传统媒体办的新媒体，一方面要利用新技术扩大信息来源，另一方面又要做出有别于其他新媒体的质量。现在做深度报道的报刊越来越多，深度同样可以呈现在传统报纸办的新媒体上。又"深"又"新"，当然能吸引更多的受众。在泛媒体时代，受众对媒体有着多种多样的选择。你不给受众良好的体验，受众就不会选择你。不只是内容，经营、服务等也需要有新的方式。许多商业门户网站有良好的运营经验，应加以学习和利用，但不能照搬照套。由于传统媒体的体制机制与之非常不同，商业门户网站的有些经验是不适合传统媒体的。而且商业门户网站已运作了多年，其地位非常牢固，你盲目模仿它，成为竞争对手，同质竞争能竞争得过它吗？肯定不行。因此，传统媒体向成功的商业门户网站学习，并非学其具体的操作方法。已获得成功的商业门户网站，都有其先进的技术理念，它们非常懂网络的操作技术，而且懂得如何将技术模式转变成市场模式和赢利模式，这种转变的过程就得靠理念支撑。传统媒体与新媒体不同，传统媒体长期以来形成的是做内容的优势。如何将这种优势与新媒体的技术优势结合好，形成自己的优势，这是需要传统媒体人认识和理解的。从理念来看，只有将新闻理念和技术理念结合起来，才能实现传统媒体介入新媒体的新突破。

当然从外部推动力量来看，国家政策的导向对传统媒体的转型也是至关重要的。如果我们只是在自己封闭的体制内发展新媒体业务，也是难以突破的。体制不创新，资本运营难以实行；而没有财力的支撑，无法提升技术水平，难以打造强有力的新媒体乃至全媒体平台；没有创新的体制机制，也无法吸纳有良好运营理念的高层次人才。

七、特殊环境下新闻内容缺乏保护

网络对于纸媒的冲击是全球的普遍现象，但由于知识产权与版权保护的现实环境与条件，纸媒的处境更为尴尬。

作为特殊产品的新闻，国家相关的内容保护制度还有待完善，同时，由于中国的特殊国情，中国的商业网站没有新闻采访权，只能通过规定的信息源获取信息，并且其只有编发的权利。法律制度的反复斟酌追不上网络科技的日新月异，网络媒体的社会责任与商业利益不断发生碰撞，责任与利益的矛盾难以调和。正因如此，洗稿事件、抄袭事件、恶性营销事件时有发生，不少网络媒体几乎是以零成本的方式从纸媒攫取宝贵的新闻内容与信息资料。纸媒辛辛苦苦挖出来的"料"为网络媒体做了嫁衣。

第四节　转型与复苏："危"中有"机"，生存空间犹在

纸媒是否正在进入复苏期？当下有人提出这个问题。笔者认为，从长远来看，传统媒体虽在衰退中，但在相当一段时期内有的纸媒依然有生存的空间。无论是走上坡路还是走下坡路，从来都不是直线的，而总是时起时伏的；纸媒的复苏或者低潮，也是由多种因素决定的，不只是新媒体的影响，还包括整体经济形势的影响。"危"中有"机"，中国经济形势总体往好的方向发展，根据中国国情，纸媒下跌之后有可能进入相对稳定的时期，但机会总是留给改革动力强劲的媒体的。媒体应沉着应对，积极寻找发展机遇。

一、对"报纸停刊"舆论平静的思考

在互联网技术快速发展、媒介形态千变万化、传播平台愈来愈多的背景下，

报纸停刊的消息不断传来。过去每逢报纸停刊，总会引发舆论的热议。如今，即便原本有较大影响力的报纸停刊，人们也不会大惊小怪了，没有多大的舆论风波。透过这种平静，诸多方面值得我们认真思考。

2018 年 8 月 27 日，北京邮局征订信息显示，《北京晨报》纸质版将在 12 月 31 日出完最后一期后停刊。在这之前，天津日报集团旗下 3 家报纸，以及今晚传媒集团旗下的《渤海早报》，已于 2018 年 1 月停刊。同时停刊的还有其他地方的一些报纸。这些报纸停刊，舆论平静，说明媒体和受众对报纸面临的现实问题已心知肚明。

现实问题是什么？一是报纸本来就太多，早就出现了过分扩张、同质化和恶性竞争严重的问题。在互联网还未快速发展之前，报纸的结构性调整就已提到议事日程上来，一批报刊被合并、关停或让主流媒体收编。只是当时各类报纸还能生存下去，没有紧迫感，一阵整编风过后，报纸又通过各种方式扩张。因此，压缩报纸其实早些年就开始了，只是未达成共识且未认真实施而已。时至今日，不能再拖泥带水了。二是受众阅读习惯已改变，在移动化、智能化、互动化、精准化阅读的过程中，报纸用户数量急剧下滑已是司空见惯的了。在这一大趋势下，部分报纸停刊也就能得到媒体和社会的理解。这既是报纸自身供求关系变化后的结构性调整，也是万物皆媒时代用户对媒介作出新的选择的必然结果。正如《赣西晚报》停刊时编辑部所发文章里说："晚报休刊，是对您最好的负责，因为您有了新的选择；晚报人与您告别，也是对自己最好的交代，因为大家都要寻找新的方向。"即便主管部门未下关闭令，有些报纸已意识到硬撑下去已无意义了，长痛不如短痛，趁早放弃为上策。可以预料，今后还会有一批难以支撑下去的报刊停办。

然而，绝不能因为舆论平静，就认为办不办报纸都无所谓了，一味消极等待纸媒消亡。这里需明晰两个问题。一是纸媒不可能都放弃，还需要报纸这一阵地。我们听到过这家报纸那家报纸下马，而机关报有关闭的么？前几年政府对一些规模小的县级机关报做过关闭的处理，而留下来的其他机关报一直在坚守，而且政府也采取多种方式扶持机关报的生存发展。现在国家的许多重大新闻的内容是出自持有采访资格证的主流报纸和广播电视台。国家给部分新闻网站采编人员发记者证，其范围也是重要的主流媒体办的网站。因此，作为党委机关报等主流媒体依然要在改革创新中坚守，以担负起传播主流声音的职责。即便是原本市场化程度高的一些报纸，也不能因为其不是机关报的身份而"等待消亡"。市场化强的报纸有相当多是面向年轻人的，而互联网时代的现实是年轻人偏好网络阅读、移动阅读。因此，一批原本很强势的都市类媒体也倒下去了，这不足为怪。但是，绝不会都倒下去。都市类媒体中也应该有坚守者，这才称得上报纸结构合理。至于经营困境，那是另一码事。事实上，有过市场化的磨炼，有一些市场化的报纸已在转型中就如何拓展新市场找到新的出路。二是即便要关闭的报纸也不能消极等待消亡。做新闻内容与做其他的泛内容有相通之处，如能及时转型，将做新闻的能力变成做泛内容创意的能力，也能从转接到新的用户中找到出路。笔者看到有一家已转制的杂志，停刊之后被合作方全员接收，让其将做新闻内容的能力延伸到做文化创意的相关项目。杂志停了，队伍未散，"饭碗未砸"。停刊的报纸如能这样做，将原有的团队整体转型，既可以减少内部震荡，又可以造福社会。

二、纸媒依然"危"而不倒

从 2005 年起，关于"报业危机""报业严冬"的说法一直不停地被提及。国内外的一些权威人士也纷纷抛出"报纸消亡论"。不可否认，新媒体的快速发展对纸媒形成了巨大的威胁和挑战，提出"报业危机"，可警醒报人尽早采取措施转型应对。然而，是否像一些人预计的那样悲观呢？中国纸媒依然"危"而不倒，并未如一些人预期的那样日薄西山、气息奄奄。

报业的困境与新媒体发展关系极大，但绝非完全取决于新媒体的冲击，它是各种因素影响的结果。

新媒体以摧枯拉朽之势席卷了整个传媒市场，不断分食着纸媒的受众和广告市场。传统报业的阵地似乎在一点点失守：西方百年传统大报《基督教科学箴言报》《西雅图邮报》等纷纷停办印刷版，全面改为电子报。原本实力很强、影响深远的大报都倒下去了，是否波及了我国纸媒？中国的报业还能坚持多久？事实上，中国与西方有巨大的差距，在报纸经营状况上不能同日而语。

诚然，从长远来看，传统媒体会逐步衰退，但其速度绝不会像西方来得那么快。

我国的报纸经营跟西方有很大不同，中国的报业是"小本经营"，风险较小。西方发达国家的报纸经营是大投入、高回报，当然也伴随高风险。西方经营报纸有时一下子砸下去几十个亿，收益也很大，有的报纸一天的广告费竟然可以达到一个亿。赚钱多时一年赚几个亿，十几个亿，甚至几十个亿。但一旦碰到经济危机，就有可能亏几十个亿，造成资不抵债。而我国报纸大都是采取低成本扩张的策略，中国的报纸能赚到几千万就很不错了，最能赚钱的个别报纸一年的利润曾经有过几个亿，而许多报纸只是维持正常运作，略有盈余。大家都不敢大投入，"船小好调头"，投资小风险就小。在遇到问题时可以根据外部环境及时进行调整，通过压缩版面、适当裁员等途径控制一下成本，并提高定价，就挺过来了。

我们国家看纸媒的人群还有潜力可挖，报纸也不会像有些人想象中的那样，一下子就没人看了。

媒介演变史也证明，新媒介的出现不会导致原有媒介形式的完全消失，而是逼迫原有媒介在新媒介的格局中重新寻找更适合自身的功能定位。新旧媒体的竞争对于传媒业的发展来说也是个契机，纸媒可以在竞争中激发自身的潜力、提升自身的功能，新媒体也可以通过竞争找到自己的一席之地。这个过程其实是新旧媒体不断发展完善的过程，并不是说新媒体一发展壮大，纸媒就完全被取而代之了。

三、报业转型期的多元化模式

当下，已经有可供借鉴的纸媒在新媒体环境下成功突围的案例。英国第一大报《金融时报》，凭借其强大的全球品牌优势，建立了网络"付费墙"，早些年网站付费用户已大大超过纸质版，不仅在主业领域保持良好态势，而且通过其他相关行业的业务，使《金融时报》品牌价值得以延伸到新的介质上。这一转换路径，就是把强势的纸媒品牌资源转化为新媒体平台上的经济回报。如果没有对《金融时报》纸媒品牌多年来的打造，从而形成强大的影响力，就不可能有今天快速向相关行业的拓展。由此可见，只有在坚持核心内容价值的同时重视平台和渠道的选择，才能有新的出路。

在我国，浙报传媒集团可说是全媒体转型成功的案例。浙报传媒集团开设网站发布主流新闻、专业资讯、文化娱乐、生活服务等信息和资讯，并开设云端悦读、新闻专区、新闻弹窗、大浙网等新闻专区，整合各县市区域门户，创办微信公众号等。该集团早年介入房地产等多产业领域，实现多元化经营，报业主业的利润在 1 亿元左右，而非报业的利润也达到 1 亿元，并逐步超过了主业的利润。当具备物质基础和一定实力并完成上市之后，浙报传媒集团适时提出了"传媒控制资本，资本壮大传媒"的发展理念，为其发展带来新的生机，最终实现了经营性资产的整体上市。

转型期，报业多元化模式有以下几点需要引起足够的重视：

其一，对报业进行结构性调整，在确保党报、党刊主流媒体的生存发展的同时，其他报刊要在调整中拓展生存空间。毫无疑问，党报、党刊作为主流媒体，不仅自身要下功夫抓好改革和发展，政府也有责任扶持其发展。其他纸媒通过精准定位、差异化经营，也有可能生存下来。例如，老年报刊等针对特殊人群发行的报刊，仍然占有较大的市场份额。看老年报刊的读者不少，这类报刊靠发行量和广告就能获得效益。研究机构、科研院所和大学办的学术期刊担负着学术研究等特殊的使命，无论如何都不能让这些期刊倒闭，它们会借助主管机构或财政扶持继续办下去。有些行业类报刊，因其主管单位自身经济效益好，能获得充足的资金支持。如创办于 2010 年的由南方电网传媒有限公司主管的《南方电网报》，是南方电网公司科学发展、营造良好舆论氛围的一份周报，至今经营未见寒冬。都市类的市场化媒体，如果在早几年纸媒形势好的时候都未能实现突围，在当今纸媒普遍进入困境的状态下就更难有生存的空间了。而原本发展得好的市场化媒体也必须适应新形势，进行机构精简，"瘦身强身"，做出精品，并改变经营思路和模式。

其二，创新广告经营的方式。许多报业集团办报时间长，在社会上形成较高的知名度和较大的影响力，积累了一定的资源。在这样的基础上，可以将触角延伸到别的领域，实行线上线下的联动，积极参与各类活动，获取更多的发展项目。

其三，多产业联动发展，以产业反哺报业。尽管技术变迁所引发的传播革新带来纸媒的困境，但纸媒价值平台却仍然具有生存价值。在未来，纸媒的价值平台会是一个集信息供应商、创新运营商于一身，同时以品牌溢价抓取资源、进行多元化产业延伸的综合体。多元化产业有了良好效益后，应反哺报业，继续推进纸媒品牌建设。

其四，探索"传统媒体＋互联网"与"互联网＋"模式。应充分运用互联网平台，利用互联网思维和手段，促进各种产业的发展，如互联网金融、教育、医疗等。要让互联网来推动传统行业转型升级，促进各产业发展。"互联网＋"

商业模式还在探索，效益依然不佳，但主流新闻传播需要这个平台。传统媒体不只是往新媒体转型，它依然会延伸至与互联网关联不大的其他产业，通过"互联网＋"与涉及经营的产业进行连接。在整个转型过程中，传统媒体的品牌作用依然不能忽视。

突围：泛内容变现之路

…… ……

第一节　不同时代的媒体内容特征

改革开放尤其是实行市场经济之后，我国传统媒体以迅雷不及掩耳之势迅速发展。早期，我国对传统媒体的研究主要基于西方译介的大众传播理论。从人类社会的发展史来看，报纸在人类的传播活动中有着举足轻重的作用。早在20世纪初，芝加哥学派的传播学早期研究者帕克就在其著作《移民报刊及其控制》中集中讨论了报刊的作用及如何控制移民报刊，以同化移民。在工业革命的推动下，电子技术也有很大的突破。随着晶体二极管的发明，广播和电视走进千家万户，报纸、广播、电视成为19世纪的三大媒体。而这些媒体均有着共同的特征，即以媒介为中心，单向度地向以原子式分散的受众传播信息。而由于缺乏反馈机制且受众权力受限，大众传播往往追求专业化的内容、广泛的传播范围。因此，大众传播模式多是线性的、单一的信息传递。

随着新闻传媒业在网络上如火如荼地开展，传统媒体无论在内容上还是在形式上都面临着重大的改革。网络媒介和电子媒介的传播速度快、个性化推送、互动性强等优势，使得传统媒体（如报纸等）在应对挑战时明显疲惫不堪，因此很多报纸不得不面对广告量下降、发行量减少、受众流失的困境。从近十年来《南方周末》纸媒精英陆续出走到2015年央视大规模的离职潮，从逐渐在市场上消失的晚报到一批都市报停刊，以及一批电视台步纸媒后尘陷入困境，传统媒体现状堪忧。而钛媒体发布的资料显示，2015年，通过移动互联网接收信息的用户已经高达42%，是用户使用最多的信息接收方式。其次是PC互联网，而通过电视、电台、报纸和杂志接收信息的用户不足三分之一（如图3-1所示）。

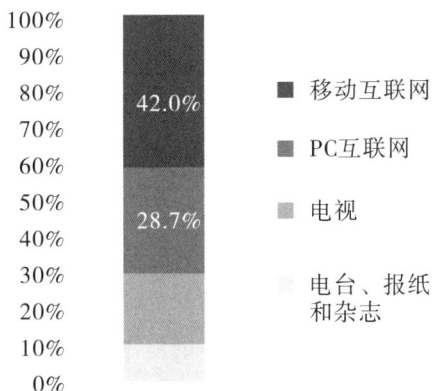

图 3 - 1　2015 年居民接收信息的主要方式

对此，复旦大学新闻学院教授黄旦曾感慨："当下的确是重新理解和认识新闻传播领域的一个大好时机，但讨论不能离开特定语境，并需要有新的想象、新的思想资源，防止用旧知识解说新交往，从而陷在一个老调子中循环往复。"① 可见，在传媒生态、媒体业态、媒介形态发生了翻天覆地变化的时候，我们以往的知识结构框架也亟须突破，不能陷于以往的大众传播效果研究范式。新媒体对传统媒体的冲击，让传统媒体在以往的新闻生产、新闻分发和新闻反馈诸环节都发生了深刻的变革。不过，在进行新道路的探索之前，我们有必要对不同媒介形态时期呈现的内容作些回顾。

一、大众传播时代的"新闻内容为王"

报纸的新闻业务包括消息、通讯和评论三大基本体裁。所谓报纸的"内容为王"，基本就是在这三大板块上发力。在 20 世纪 90 年代，厚报时代的来临，适应了市场经济的勃兴，除了继续强调"独家"新闻之外，深度报道大行其道，成为新闻业务的主流，寄托了当时新闻人专业主义的梦想。可以说，这一时期深度报道就是新闻报刊所倡导的"内容为王"的重要标志，那时内容可以和新闻媒体画上等号，"做出优质新闻，媒体就成功了"是大众传播时代新闻工作者笃定的信条。

---

① 黄旦：《对传播研究反思的反思——读吴飞、杜骏飞和张涛甫三位学友文章杂感》，《新闻记者》2014 年第 12 期。

当然，在万物皆媒时代的当今，传统媒体依然强调要做深度报道，但背景不同。当今是应对新媒体的挑战，而当年是传统媒体之间的竞争。那时互联网还未兴起，新闻的生产和传播主要依赖传统媒体。这个时代的媒体有其清晰的"内容"特征和赢利模式。"内容为王"指的是什么？美国第三大传媒公司维亚康姆集团（Viacom）总裁雷石东曾这样阐述：传媒企业的基石必须而且绝对必须是内容，内容就是一切！其实在他之前已经有人说过类似的话，只是他说得比较绝对，高度概括了"内容为王"的内涵。媒体之外的其他文化领域也在做内容，但如果将"内容为王"局限在媒体的范围则可表述为：新闻媒体的"内容为王"指的是新闻作品的质量，是关系到传媒机构能否实现社会价值的广泛传播和产生良好的经济效益的关键。

进入报社工作的老报人都知道，过去很少听说过"内容为王"的说法，传统媒体人反复强调办好报纸最为重要的就是提高新闻作品的质量。新媒体出现之后，才有了"内容为王"的说法和对这一说法的争论。随着互联网的广泛应用，报社开始办电子版、网络版，将报上刊发的新闻内容复制到电子版、网络版中，试图以此解决新媒体冲击下纸质版发行量下滑造成的传播困境和经营困境，但这一做法并未见效。在反思中，不断有人提出应强化电子版、网络版的原创性内容，认为只有强化原创内容的生产才能形成良好的社会效益和经济效益。于是，"内容为王"的概念逐渐流行起来。然而经过若干年的尝试，这种"内容为王"的方式并未有明显效果。究竟哪个为王，业界和学界都对此争论不休。有的人坚持"内容为王"，有的则强调"渠道为王、技术为王"，还有的认为是"用户为王、体验为王"。甚至还出现了两种完全相反且很绝对的说法："'内容为王'是句鬼话"；"什么时代都是'内容为王'"。不管研究者有怎样的观点，有一种看法是一致的，即新媒体还未到来之前的传统媒体时代是"内容为王"的时代。虽然过去没有这种说法，但在新闻实践中内容品质曾成为媒体经营制胜的法宝，一家报纸如果有了优质内容，其发行量和广告量都能快速增长。那些曾经领先全国的机关报、晚报、周末报、都市报，都曾以优良的内容品质赢得发行量和广告量的大幅度增长。"营造内容传播影响力，以影响力引发广告客户的注意来吸纳广告"，这种二次销售模式是传统媒体长期形成的赢利模式。

互联网快速发展之后，传统媒体感受到"内容为王"不灵了，那是由传播力三个层次的撕裂造成的。三个层次指的是内容传播力、内容制作媒体平台传播力、内容制作媒体声誉传播力。需要说明的是，这里说的"平台"，不是指现在常讲的互联网上聚拢用户的平台。在"内容为王"时代，一家媒体生产的重要内容一定会先在自身的传播平台（承载新闻信息的载体）上呈现，然后形成平台传播影响力和良好声誉，从而获取广告客户的认可。互联网时代的到来造成传播力三个层次的断裂，传统媒体做出来的内容被别的新媒体平台广泛传播，自身的媒体平台难以大量吸纳用户，造成平台传播影响力下滑和经营困境。广告投放者看中的不是谁创造了内容，而是内容在哪个平台、哪个渠道传播最广。所以，大众传播时代的"内容为王"或者说"新闻为王"的"为"可以理解成是唯一的"唯"，唯有新闻品质才是当年传统媒体兴旺发达的根本。如今的互联网时代，传统媒体的内容依然很重要，是支撑媒体生存发展的基础，但内容不是唯一的，只有实现内容与平台、技术、渠道的一体化，自身的媒体平台才会有强大的传播力和实现商业价值的质变。

二、互联网时代的草根文化

1994年4月20日，中国通过一条64K的国际专线，全功能接入国际互联网，这成了中国互联网时代的起始点。20多年间，互联网深刻地改变着中国人的生活，并成为国民经济发展的重要驱动力。网络的出现使得麦克卢汉笔下的"地球村"预言成为现实，使得老子《道德经》中"不出户知天下，不窥牖见天道"的朴素理想得以实现，也使得"虚拟化生存"成为整个时代最鲜明的特点。我们的工作、生活、学习、娱乐、消费……纷纷刻上互联网的印记，带来了思维观念、交往方式、生活习惯的变革。所有的社会热点事件、社会热点话题都与网络的广泛普及有关，整个传媒行业的发展（生存现状、危机、变革思路）都与网络媒体息息相关。而与传统的专业媒体对比，互联网带来的最大变革就是对使用者的赋权激活了受众主体性，媒介以前所未有的开放性、低门槛、把关人缺失等特性赋予了公众普遍的媒介接近使用权，进而使网络媒体用户获得了信息发布的权利，拥有了"麦克风"，从而使"人人都有麦克风""人人都是总编辑"成为可能。这种新媒体赋权也直接导致草根文化在互联网环境中蓬勃发展。

"草根"，英文为"grassroots"，最早来源于19世纪的美国。当时在淘金的浪潮下，流传草根生长茂盛的土地下埋藏黄金的说法。"草根"后被引入社会学，社会学赋予其新的含义——"基层民众"。社会学、民俗学家艾君认为："草根文化属于在一定时期内由一些特殊的群体在生活中形成的一种特殊的文化潮流现象，它实际是一种'副文化、亚文化'现象。它具有平民文化的特质，属于一种没有特定规律和标准可循的社会文化现象，是一种动态的、可变的文化现象。它有别于阳春白雪的雅文化、上流文化、宫廷文化以及传统文化。"①传统媒体大多擅长宏观的、宏大叙事的内容表达方式，且在传播方式上多属于线性传播。网络传播则属于多层次、去中心、扁平化的传播。随着计算机技术日臻成熟，不同类型的内容得以在网络上传播。根据草根文化的特征，互联网时代的草根文化可以划分为以下三类：

（一）受众主体性被激活——个性化内容登堂入室

传统媒体时期，媒体上传播的信息大多是专业机构经过精心采写传递给受众的，媒体拥有绝对的主动权，而受众只能被动地接受媒介发送的信息。在此过程中，大众媒体传播的内容主要是专业化的内容，具有一定的权威性。但是，在互联网时代，受众也可以是信息的生产者，生产新闻的权力下放到受众手中，他们可以根据自己的兴趣爱好或者遭遇、经历来发布信息。由此，个性化的信息进入传播渠道，个性化、非机构的内容得以广泛传播。

在网络时代，个人拥有了传播的主导权，与自身相关的信息不再像大众传播时代需借助传统媒体才能传播出去。因此，与受众密切相关的个性化信息可以经由网络分发，并吸引对此类信息感兴趣的人进行病毒式传播，最终使得个性化内容进入公众视野。

（二）受众趣味得以遵从——亚文化占一席之地

亚文化起源于20世纪40年代芝加哥学派，主要用于描述美国新兴城市中的越轨群体，现在是指通过风格化的另类符号对强势文化或主导文化进行挑战，从而建立认同的附属性文化。它既包括与其他文化相通的价值与观念，也有属于自己的独特的价值与观念。其特性主要有：边缘化、抵抗性、风格化。

在大众传播时代，亚文化被看成是"难登大雅之堂"的边缘文化，对此感

---

① 武亚珍、陈荣武、王喆：《浅谈草根文化对90后青年价值取向的影响》，《当代青年研究》2013年第1期。

兴趣的受众也多是通过另类渠道获取，且由于亚文化的受众群体小而分散，多有悖于主流文化，因此在传统媒体上难寻踪迹。但是网络环境的弱审查化和"再中心"化使得不在相同地域却有共同嗜好或者相同审美的受众聚集起来，相互交流认同的内容。

例如，二次元作为亚文化的重要子集，其广泛的传播和交流便得益于互联网的发展。"二次元"这一概念起源于日本，所谓"次元"即维度。"二次元"在日文中的原意，是指"二维空间""二维世界"。由于早期的动画、漫画、游戏作品都是由二维图像构成的，它们的画面都是一个平面，所以被其爱好者用来指称这三种文化形式所创造的虚拟世界、幻象空间。但随着时代的发展，其文化表现形式也在不断扩展，逐渐出现了轻小说、广播剧、COSPLAY、线下漫展活动等各种形式。20世纪80年代，日本的动漫产业取得了飞速发展，其动画、漫画产品不仅发表数量多、销量大，同时广泛出口他国。此时，中国与日本正处于中日和平友好条约签订之际，同时由于改革开放，中国经济迅猛腾飞，电视机开始普及。在政策和硬件都具备之时，我国开始引进日本动画片：1979年，我国引进第一部日本彩色动画片《龙子太郎》，1980年，《铁臂阿童木》出现在我国的电视屏幕上，之后《哆啦A梦》《七龙珠》《圣斗士星矢》等各种题材的动画片进入我国，风靡一时。

随着时间的推移，20世纪80年代的儿童在观看《哆啦A梦》《龙子太郎》这一类动画片的过程中，逐渐成长为青少年。随着年龄的增长，他们开始有自己独立的思想，对于动画和漫画的需求也日益多样化，不再满足于单纯的低龄化的动画片，而是开始寻找更能反映现实、有复杂创新剧情的作品。而囿于政策对文化方向的把握，此类动画作品引进较少。虽然当时电视上仍播放《桃太郎》《美少女战士》等动画片，但成长起来的青少年们已经把目光转移并集中至盗版商，盗版商们能够提供电视上不曾播放的动画作品或市面上不能公开发行的漫画作品，甚至是盗版日本游戏。正是在大众媒体正式引进和盗版商私下传播的现实情境下，二次元文化逐渐进入我国，并出现了第一批爱好者，形成了中国二次元文化的雏形。

从1998年开始，国家广电总局发布了一系列关于海外动画的规定，如"黄金时段禁止播放海外动画""海外动画的引进需上报并获得审批"等。在这些政策的规定下，大众媒体传播的日本动画数量下降，播放的动画内容也被删减修改。此外，这一时期的盗版商受利益的驱动，导致动漫的质量也远不及之前：

漫画印刷质量直线下降，动画光盘封面与内容完全不符、翻译和字幕词不达意等现象层出不穷。于是，我国的"汉化组"群体应运而生。最早的"汉化组"群体并不规范，大多是由掌握一定电脑技术和外语能力的爱好者构成。而正是在他们的不断努力之下，《圣斗士星矢》于2002年推出的续篇《冥王篇》成为第一部网上中文字幕先于盗版出现的动画。随着21世纪初期电脑、网络和信息技术的迅猛发展，"汉化组"也日益专业化，他们跨越了年龄、时间和空间的差异，出于对动漫的热爱在各个论坛上聚集起来，通过互联网下载动漫，进行加工之后再次传播。在这样重复的实践之中，"汉化组"群体的内部分工逐渐清晰明确，其组织形式也日益完善。而此时的动漫爱好者，为了尽快获得汉化后的动漫资源，也开始集中在各个网络论坛上相互交流、沟通、讨论。于是，二次元作品在网络上得到广泛传播。

（三）受众生产性获认同——UGC大行其道

UGC是"user generated content"的缩写，主要是指用户生成内容。在互联网媒体环境中，除了有专业机构生产的信息，用户原创的信息也进入了传播渠道。由于受众的媒介素养不同，且参与信息生产的主体的教育背景、生活经历等不尽相同，故而生产出的信息也千差万别。UGC的出现是以Web 2.0技术为基础，注重信息的下载和上传并举，它注重信息生产的个性化、即时性、互动性，注重平台的高度开放，以公众的全面赋权、全民赋权为前提。这种用户创造的草根文化与广大受众贴近性强，富于趣味性，更易于被受众理解、接受和传播。于是，就有了这两方面的奇观：

第一个奇观：全民都是段子手。

互联网用户根据不同的兴趣爱好可以在网上形成风格各异的网络社区，包括论坛、贴吧、公告栏、个人空间等。在这些网络社群里，网友们往往通过话题聚集起来，每个人都拥有话语权，可以自由表达自己的思想和观念，由此碰撞出智慧的火花。在2008年底，网易新闻推出的"无跟帖，不新闻"口号可以说把跟帖文化推向了高潮。跟帖文化是UGC文化的典型代表。据悉，2008年，网易总共发布了2 397 339条新闻，却收获了41 658 635条跟帖，而网易新闻跟帖的每日独立访问量已经超过100万次。甚至有网友说，来网易就是为了看每条新闻下面的那些经典回帖，以及"网易老衲"等一干网易"骨灰级"ID又发表了什么见地、推出了什么新段子。有网友自发组成专门的豆瓣小组、QQ群，甚至自己架设网站，来收藏和传播网易新闻的经典跟帖。[①] 可见，此时媒体传播的内容除了专业生产的以外，网民自发生成的内容也成了一道独特亮丽的风景线。在微博上激起受众再次创作的"杜甫很忙"系列也掀起了一场网络狂欢。"全民段子手"是一种众人参与的信息生产和传播现象，也是 UGC 的一种体现。而今，当新媒体成为很多突发新闻或重大新闻的集散地时，用户也可以"摇身变成"信息传播者，成为"生产型消费者"或"主动的受众"。受众以恶搞和造句等方式对社会热点事件进行讽刺、点评和传播，反映了一种集体社会情绪，也表达了对社会现实状况的不满。

第二个奇观：表情包——符号化的情绪表达。

表情包是现代互联网文化中的一道风景线，也是青少年群体最常使用的网络社交语言。表情包有网民根据自己的奇思异想制作而成的，也有网站以营利为目的自主设计的。其中，以网民自主创作为主。表情符号及表情包均是符号化的情绪表达，是以非语言符号为主要方式来表达情绪化意义。在人们习惯于通过社交媒体交流的今天，表情包更直观地表达了交流双方的情绪，有时候甚至起到"此处无声胜有声"的效果。2018 年初，某知名博主贴出了一张恶搞大英博物馆（British Museum）馆藏的表情包（如图 3 - 2 所示），随后便在网上掀起了一波"博物馆表情包"热潮。据悉，这其实是大英博物馆的十大馆藏之一——古国际象棋路易斯棋（Lewis Chessmen），表情包里的其实是代表"后"（queen）的那个棋子。路易斯棋是一组多数材质为海象牙，刻于 12 世纪的棋子，于 1831 年在苏格兰路易斯岛（the Isle of Lewis）的沙地里被发现，因而得名。被发现时有 93 个棋子，目前只存 78 个，其中 67 个在大英

图 3 - 2　大英博物馆馆藏走红的表情包

博物馆，11 个在苏格兰皇家博物馆（National Museum of Scotland）。78 个棋子里

---

① 详见《媒体披露网易年终策划"无新闻不跟帖"幕后故事》，《第一财经周刊》2009年第 1 期。

有 8 个"王"、8 个"后"、16 个"主教"、15 个"骑士"、12 个"城堡"和 19 个"兵卒"。其中，"后"的造型最奇特，全都捂着脸颊。[①] 该表情包走红后，各大网友也不甘示弱，相继制作自己国家博物馆收藏的文物以及雕像表情包，开始了一场极具文化底蕴的"斗图"。不得不说，这些文物被做成表情包之后，严肃、高冷的气质被瞬间消解，原本"枯燥"的博物馆生动了起来。而搭配文字解说的文物被赋予了另一番诙谐的新意，让人忍俊不禁的同时也能形象地表达出网民的情绪。这种"表情包"的表达方式出自网民之手，不是严肃、官方、一本正经的语言，而是一种狂欢式、非正式的语言表达，这种方式可以看作一种"软抗争"，能淡化严肃问题的严肃性，消解敏感问题的敏感性，进而得到广大网民的认可和使用。同时，由于表情包的人物形象往往或浮夸、或戏谑，能准确、生动地表达网民的情绪，进而自主生成一套元符号规则，更好地释放和捕捉了用户的情绪变化，在全网获得了广泛的转发和使用，甚至一些机构也加入传播和制作表情包的行列，以贴近网民的情感表达。2016 年，为纪念红军长征胜利 80 周年，"指尖中国"工作室联合中国传媒大学新闻传播学部新媒体技术团队设计了微信表情包"长征路上小红军"，它被认为是"社交媒体环境下重大主题的传播创新"。截至 2016 年 10 月 26 日，"长征路上小红军"表情包累计下载量超过 30 万次，发送量突破 100 万次。该表情包中的"小红军"形象来自于曾收入人民教育出版社出版的《语文》教材四年级上册课文《倔强的小红军》。小红军呆萌可爱的表情配以"快去睡！""敲开心！""开心到飞起"等鲜活调皮的话语，使该表情包一经发行便在青少年中间流行开来。主创团队负责人谷琛认为，小红军传递出的"倔强"精神，符合年轻人不放弃、不服输的性格，同时与长征精神相通，能唤起大家的共同记忆。[②]

三、移动互联网时代的内容创业

随着技术的发展和迭代升级，我们的生活从互联网时代迈向了移动互联网时代。移动互联网，就是将移动通信和互联网二者结合起来，成为一体，是互

---

① 《你竟然打我！有了这些文物表情包，今年春节斗图绝不会输！》，搜狐网，http://www.sohu.com/a/222414748_118927，2018 年 2 月 12 日。

② 陈艺文：《中国传媒大学："小红军表情包"发送量破百万》，中国教育新闻网，http://www.jyb.cn/high/gdjyxw/201611/t20161107_681374.html，2016 年 11 月 7 日。

联网的技术、平台、商业模式和应用与移动通信技术结合并实践的活动的总称。CNNIC（中国互联网络信息中心）的数据显示，截至 2019 年 6 月，中国网民规模达 8.54 亿，较 2018 年底增长 2 598 万，互联网普及率达 61.2%，较 2018 年底提升 1.6 百分点；中国手机网民规模达 8.47 亿，较 2018 年底增长 2 984 万，网民使用手机上网的比例达 99.1%，较 2018 年底提升 0.5 百分点。可以说，在移动互联网时代，几乎每个网民都可以通过手机上网，移动上网已然普及。于是在这种互联网的语境和移动互联的背景下，自媒体、公众号、移动客户端、短视频成为人们接收信息的重要渠道，进而有商业嗅觉的人立足自身的特色，用独特的方式与客户连接。

当今盛行的内容创业与传统媒体所讲的"内容为王"两者的"内容"是有差异的。传统媒体时代的关键词就是"内容为王"，"内容为王"的关键是新闻。内容创业是在互联网思维背景下的创业，其关键词是：语境与连接。内容创业就是以内容为手段所进行的创业。最为常见的内容创业形式是利用自媒体、公众号等进行创业。广义的内容创业，包括了所有通过内容传播能找到的市场模式。例如，微信上被追捧的文章，美妆达人上传的化妆短视频，网络直播里美女主播唱歌给用户听，等等，都被看成是内容创业。

互联网思维下的内容创业，其"内容"已跳出了新闻内容的范围，强调的是不同的领域以各自特有的表达方式与用户连接。要争取某领域的用户，就要用该领域用户喜欢的语境去连接。比如很多人希望能跟医生联络，但想找的医生不容易找到；医生也想跟病人联络，并利用业余时间在为病人服务的过程中获取一定的报酬。两者虽然都有需求，但许多人不懂得怎样打造平台和怎样去连接。曾先后任京华时报社新闻中心主任、网易副总编辑的张锐，2011 年离职创办移动医疗企业"春雨医生"，《南方人物周刊》副总编辑万静波等人也加入这一团队。"春雨医生"这个平台要将医生和病人相连接，如果用新闻报道的方式是连接不了的，必须使用适合医生和病人的特殊语境，让医生和病人感动，使他们通过良好的体验自觉地在平台上建立连接。据悉，截至 2016 年 10 月，"春雨医生"通过 4 年积累了 30 多万名医生、8 600 多万名用户，每天平均解答 27 万个问题，并延伸到办诊所。截至 2016 年底，"春雨医生"已有 300 家诊所挂牌。

从上面的例子中可以看出，无论在哪个平台，只要通过内容去吸纳了用户，有了市场占有率，那就是内容创业。如果能够实现商业价值的变现，那说明内容创业就成功了。微信公众号"黎贝卡的异想世界"就是这样的成功者。创建人为方夷敏，2002 年她于暨南大学新闻与传播学院毕业之后在《新快报》《南方都市报》等报社当过记者。2014 年，她创办了"黎贝卡的异想世界"公众号。她喜欢得体的打扮，想与一群和自己有同样兴趣爱好的人一起交流，于是在公众号上写关于穿衣搭配技巧、时尚潮流趋势等方面的文章。她推送的首篇内容是有关丝巾的使用方法，发给了 6 位好友，后台的阅读数很快突破 1 000。第三篇"谈林青霞的穿衣之道"的文章推出后，其粉丝数量达到 10 万。原本她开微信公众号只是想玩一玩，此时她意识到可通过这种方式来创业。2015 年 4 月，她从《南方都市报》辞职后专做此公众号，并组织了由几个人组成的运营团队，后来扩展到 20 多人。到 2016 年底，她的粉丝数突破百万，头条单篇阅读量基本上稳定在 30 万次左右。2017 年，"黎贝卡的异想世界"公众号有粉丝 170 多万人。到了 2018 年上半年，包括公众号、微博等的粉丝共 460 多万人。进入 2019 年，公众号、微博等的粉丝数共计已突破千万，其头条平均阅读量达40 万次。其公众号多次跻身公众号影响力排行榜单前列，所推送的内容常被各大门户网站转载。广告客户觉得这个公众号的广告能做到精准投放，于是纷纷在其公众号上投放广告，登一条广告要 10 多万至 30 万元。该公众号上"情侣怎么穿才能天生一对"的文章和配搭的图片，其表达的语境把那些谈恋爱的情侣、新婚夫妇吸引了过来，因此也就有了相关的广告投放。

内容创业的"内容"是非常宽泛的。互联网时代，形式也可以成为内容，在技术驱动下通过特殊语境产生情感冲击力，凝聚用户关系，达到商业价值的变现。比如，有一个小女孩在网上直播吃饭，收入不菲，这也被称作内容创业。其实她这种形式也有对话的内容，比如有粉丝问她：你吃那么多不会胖吗？她回答：你看我多苗条、多漂亮。我们再看看新浪微博，各种贴近草根的千姿百态的行为与话语现在视频直播上。微博大 V 退出，草根进驻，舆论场变成作秀场，经济效益更好了。北京时间 2016 年 10 月 18 日消息，在美国股市前一个交易日的交易中，微博股价在盘中上涨至 53.12 美元，市值达 113 亿美元，一度超过 Twitter，成为全球市值最高的社交媒体。当然，我们并不提倡将舆论场变成作秀场，也不认同有些网红的价值观，但对他们连接用户的方式应当去研究。做媒体、做内容创业的媒体人，都要想办法创新传播技巧，区分不同的情况并寻找适宜的商业模式。

上面讲到的内容创业的"内容"并不是新闻内容，但也有一种与新闻相关并以特殊语境表达的形式连接了众多用户，最终实现商业价值变现。比如，从《南方都市报》辞职、后来曾在《时尚先生》杂志当过记者的杜强写的特稿《太平洋大逃杀亲历者自述》，以一定的文学手法来写完全真实的故事。该文在《时尚先生》发表后，引发强烈反响，各网络平台、自媒体纷纷转载，乐视以高价买下版权。有的报纸也办了特稿专版，形成一定的影响力。由此可见，内容创业虽在互联网领域轰轰烈烈开展，但其思路也可引入传统媒体，在创新传统媒体的语境表达中寻找新的发展模式。

目前，短视频新闻可以说是移动互联网时代内容创业在新闻领域中较为成熟的衔接方式。智能终端的普及与5G通信技术的革新，为本就处在风口中的短视频生产提供了一片沃土。其中，短视频新闻由于极富移动互联网特质，以更为可视化的形式和丰富的内容弥补了传统图文报道的不足，成为移动互联网新的流量入口。短视频，是互联网内容传播的一种方式，视频时间一般在5分钟左右。早在2005年4月23日，Youtube创始人之一的贾德·卡林姆就发布了人类历史上第一条分享短视频"我的动物园"，时长仅有19秒钟。链接用户是短视频平台发展的大趋势。以往的短视频是"我播你看"，其内容或是经过制作者策划拍摄而成，又或是直接从长视频中截取片段再加工而成，受众只能被动地接受信息。互联网技术的发展赋予了短视频社交平台两大新功能：一是UGC，用户可以利用自己的移动终端进行短视频的即时拍摄、美化剪辑和上传共享，从单纯的信息接受者变成了内容生产者和信息传播者，以往需要专业化处理的视频现在植根于普通人的日常生活。二是对大数据的使用，平台运营商可以根据用户的观看数据和上传数据把握他们的审美爱好和流行文化趋势，及时调整自身的内容生产和布局。结合以上两大特点可以看出，短视频平台与用户紧密联系，用户直接或间接参与短视频的生产和传播过程，极大地影响着平台的发展走向。

短视频始于娱乐，后又发展其他类型，再延伸到严肃新闻，有一个逐步发展的过程。2012年左右，国内移动短视频用户习惯开始养成，各类移动端短视频产品纷纷开始试水，快手、秒拍、美拍等平台相继建立。2016年左右，短视频应用进入井喷期，抖音、火山小视频、好看视频、梨视频等大量上线，各资本强势布局形成竞争态势。随后，竞争进入白热化，今日头条领衔，腾讯、百度、阿里巴巴、网易等巨头相继加码，纷纷进入短视频领域。据悉，2018年7月，短视频月活跃用户数达5.08亿，占国内网民数46%。移动短视频在成为继文字、图片、传统视频之外的内容传播载体的同时，也成就了聚集内容创业者的行业风口，拥有巨大的发展潜力和广阔的前景。

纵观短视频市场，多为娱乐性的，尤其是秀场类占有很大部分。为了博噱头挣流量，短视频平台被曝出猎奇、造假、青少年早恋甚至怀孕生子等内容，不断地挑战人们的伦理底线。近几年，国内许多媒体机构开始重视将短视频应用到新闻报道中。严肃类的短视频新闻产品介入市场，使短视频的发展产生了结构性的变化。作为满足用户基本信息刚需的资讯产品，短视频新闻坚守网络舆论阵地，使"娱乐至死"的视频市场呈现出另一种景象。不过新闻资讯类的短视频是难以进行深度报道的，当然也可以将一件事分割成多个短视频，滚动播出，关联起来看，一步一步深入，使其具有一定的深度。

眼下新闻短视频还未成为短视频领域的主流，不过，其发展势头是不容忽视的。2019 年上半年，重庆的上游新闻、四川的封面新闻都先后宣布往全视频化转型。这两家媒体的母媒体原本都是传统纸媒，它们在往新媒体融合转型的浪潮中诞生了上游新闻、封面新闻，接着上游新闻、封面新闻又往移动端转移，再发展到今天的全视频化转型。这有其一定的必然性和合理性，当然也是根据其自身实际而形成的新的转型模式。

上游新闻的视频团队原本只有 50 人，2019 年初，他们根据自身制定的"全面视频化"战略，认真落实"每一条稿件都要有视频"的要求，将上游新闻 400 名专业记者全部当作视频记者。同时，上游新闻客户端也进行了更新，推出了 31 个特色频道，单独开辟"影像"专栏，其中包含了视频、直播、美图和炫视频四个子项。"视频"子项中的内容也大都不超过 5 分钟，播放界面和形式类似于微博短视频；"炫视频"的模式完全跟当下的短视频 App 一致，可视为对短视频 App 的一种复制。这些操作的目的都在于增强新闻 App 的社交和娱乐属性，从而强化用户的黏性。

无独有偶。由我国第一家都市报——《华西都市报》往新媒体融合转型而来的封面新闻，也往"全视化"之路走来，将视频作为主要的信息表达形式，实现视频主导报道的模式。而且，其在《华西都市报》的报道中加入了该新闻视频版的二维码。封面新闻的视频主要来自 PGC（专业生产内容）和 UGC 两种渠道，其中独立生产视频内容占 50%。PGC 方面除了自产内容外，还与腾讯、今日头条、UC 和新浪等第三方开展合作，生产专业内容。UGC 方面则通过"青蕉"计划和"封面号"激励用户自发生产，并同梨视频一样向全球招募拍客，增加 UGC 的产量。2019 年 5 月，封面新闻客户端 5.0 版本上线，其在应用商城的简介为"视频全沉浸，拍客全球行"，并且强调其为一款面向年轻人的新闻类 App。点击其某一视频内容，进入播放界面后，可以通过上下滑动来切换视频，而且播放界面右侧设有"点赞""评论""分享""收藏"按钮，右滑可进入视频发布者主页。这一系列操作跟当红短视频 App 抖音的操作如出一辙，可见封面新闻借鉴了当下最受欢迎的短视频平台样式，并注重其应用的社交属性。

这种把原创视频节目、直播内容看成与图文同等重要，甚至把位置摆得更高的做法，在全国平面媒体转型的案例中目前并不多。这种转型探索的出现，有其必然的环境和技术因素。一方面，在新媒体冲击、受众阅读习惯碎片化的当下，转型成了传统媒体的必然选择。另一方面，随着移动互联网发展的不断深入、手机终端的普及和升级，低门槛、碎片化、个性化的短视频成为诸多纸媒转型的选择路径。

短视频新闻如今的生产模式主要为 UGC 和 PGC 相结合。移动互联网时代，第一个现场画面通常是目击者用手机拍摄上传至社交网络的。比如在 2015 年天津塘沽大爆炸中，事故亲历者用手机拍摄上传至秒拍的各种爆炸视频，成为最早的一手视频，最大限度地减少了新闻的"时滞性"。从 PGC 来看，早在 2014 年，《人民日报》《法制晚报》《经济日报》等媒体就选择入驻秒拍短视频平台进行"两会"报道。为了抢滩夺地，除了入驻短视频平台，各大新闻客户端、网站也相继自行创建短视频栏目，新华社甚至推出了"新华 15 秒"超短新闻应用。传统新闻机构在短视频领域总想构建自己的平台，难度很大。传统媒体有做内容的操作能力，但技术、资金不足，又受体制、机制的约束，不容易做好，加上互联网公司的那些大平台已有巨大的用户基数和影响力，难以超越，因此，专业新闻机构与强大的互联网技术公司合作，不失为一条好路子。腾讯与《新京报》合作的项目"我们视频"就是其中的佼佼者。技术能力、传播平台是腾讯的长处，新闻内容生产能力则是《新京报》的强项，两者优势互补，给新闻视频产品带来新的突破，也是投资者进行内容创业的新方向。

四、人工智能介入下的内容泛化

在大众传播时代，新闻生产是一项较为专业的生产流程，当突发事件发生后或者媒体预先知晓媒介事件发生的时间时，媒体会在第一时间派驻记者前往现场进行采写，随后记者将采写的新闻稿发给编辑人员，排版、播发。在此过程中，传播渠道主要是报纸、广播、电视等媒体，因此在大众传播时代，各新闻机构往往抢发"独家新闻"，希望自己的信息"独此一家"。但是在互联网环境中，以往线性的新闻生产流程被打破，新闻传播渠道呈现多元化趋势。互联网的普及，使得"互联网＋"似乎遍及我们生活的方方面面。在互联网环境下，随着科技的进步，传感器新闻及人工智能、智能家居、智能汽车、临场化新闻等新的新闻分发渠道纷纷涌现，传播渠道不再局限于传统的大众媒体，而是朝着清华大学彭兰教授在《智媒化：未来媒体浪潮——新媒体发展趋势报告2016》中所述的方向拓展：万物皆媒、人机共生的时代已然来临。[1]

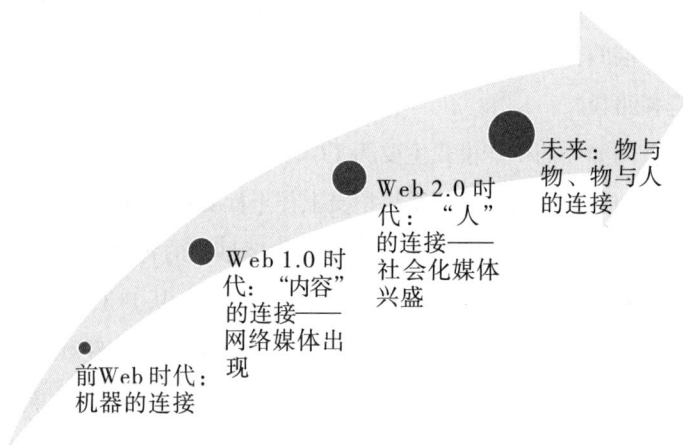

图3-3　互联网连接的演进

正如图3-3所示，随着技术的革新，如今社交媒体的应用、移动互联网技术、大数据技术、云计算等促使新闻生产机械化、智能化和分布化，新闻传播无处不在，互动反馈也朝着智能化和传感化的方向发展。新闻传播渠道可能是我们身边的任何一个物品，甚至有可能就是我们自身[2]，而传播模式也不再局限于大众传播的固有模式，基于社交平台的人际传播，基于网络虚拟社群的组织传播、小群体传播都平行共存，传播渠道突破了以往大众传播的固有模式，

---

[1]　彭兰：《智媒化：未来媒体浪潮——新媒体发展趋势报告2016》，《国际新闻界》2016年第11期。

[2]　《清华教授彭兰：众媒时代每个人都是媒体》，《新闻传播》2016年第4期。

发生变革：跨媒体、跨平台、多终端、技术依赖成为可能，传播渠道呈现多元化。传播渠道的多元化使得以往垄断的传播权力下放到个体，带来了个体主体间性的回归，由此造成的显著后果便是媒体内容的泛化（这一点在后面章节将详细论述）。

随着人工智能新技术的应用，先是一些设备乃至各种各样的物品被智能化，给人们的生产、生活带来极大的便利。继而，随着万物互联时代的到来，智能化的物体又成为传播平台，被嵌入媒体属性。这种"智"与"媒"相结合的现象已引起专业媒体机构的高度重视，通过一系列的布局和寻找发展的路径，催生出的智能媒体新业态正在逐步形成，从而彰显智媒时代的到来。在当下，商业互联网企业的智能应用走在了专业媒体前头。

正是因为人工智能较早应用于商业化的企业，加上企业有良好的机制和雄厚的资金，所以许多带有媒体属性的互联网企业在智能化方面自然走在了专业媒体机构的前头。使用人工智能的互联网知名企业今日头条，就是一个很典型的例子。截至 2018 年 7 月，今日头条的"头条号"入驻用户总数超过 160 万，已成为第一智能内容平台。今日头条人工智能实验室荣获 2017 年吴文俊人工智能技术发明奖，该奖被外界誉为"中国智能科学科技最高奖"。但今日头条并不满足于已有的成绩，为了布局 2018 年智媒发展，它在 2017 年岁末有一系列的动作：11 月 22 日，在今日头条创作者大会上，今日头条宣布，将从智能推荐走向智能社交，提出通过智能社交的推荐方式帮助更多头条用户获取粉丝，将推出"千人百万粉计划"，即未来一年内，在平台上扶持 1 000 个拥有一百万粉丝的账号。2017 年 12 月 1 日，今日头条在北京举办"全球思想盛筵——人工智能与人类文明"AI 峰会，探讨人工智能与人类文明。12 月 6 日，今日头条未来媒体峰会在北京开幕，主题为"共智共生"，来自全国 8 所新闻院校、130 多家新闻媒体、多家互联网公司的学界和业界领军人物共聚一堂，探讨智媒体的未来发展趋势。今日头条在会上提出将大力推动人工智能技术和优质媒体相结合的"智＋媒"战略，服务好优质内容变现，为传媒融合提供最好的基础设施。"智＋媒"的战略，一方面使今日头条能从擅长新闻内容生产的专业媒体中获取更多的优质内容；另一方面也使专业媒体能从今日头条智能化的传播中，扩大内容的影响力。事实上，已有不少媒体纷纷与今日头条合作，发挥各自的优势，实现共赢。

站在人工智能的风口上，传统媒体也积极把握这一机会，虽然不如互联网企业那般动作迅速，但也加快布局智能应用，将其作用于内容生产。新华社作为我国的第一通讯社，在新媒体的冲击下选择积极拥抱新技术。首先，面对如今的海量信息，新华社以开源体系为基础建设数据平台。在技术平台的建设上，新华数据采用了全套大数据开源体系，打造了新华社六大平台，并引入微服务架构，将基础平台、数据平台和上层应用相对分离，彻底做到业务松耦合、模块层级化。其次，引入智能化技术，以"人工智能＋人工"的方式对基础数据进行加工。由于数据库存储数据量大（亿级），用户使用面临的最大问题就是检索问题。检索不准或检索返回太多结果，都会影响用户的使用体验。为更精准地向用户提供数据，除每一篇稿件按线路、文字、地区、发稿部门、知识属性、栏目、供稿类别等进行多个维度的分类外，系统还运用各种人工或智能的分类方式，对每一篇稿件进行处理，其中文本智能引入了实体词提取、主题词提取、自动摘要、自动分类、情感分析等技术，图像视频智能方面，还应用了人脸识别、视频自动生成、图片标引等技术。新华社也尝试了文本的知识属性自动标引，但目前准确度还未达到满意程度，短期内还是需要"人工智能＋人工"结合的方式。

可以说，今天，智能化技术正在全面进入内容行业，并促使内容生产、分发、消费等全面升级，其主要表现为：以智能化驱动的内容生产，以算法为核心的内容分发，个性化与社交化交织、消费与生产一体的内容消费。智能时代重新定义了内容生产、分发与消费的关系，这三者之间的界限日益模糊，相互渗透、相互驱动。而集成了内容生产、分发与消费的平台，也在逐步构建全新的内容生态。显然，人工智能时代的内容已然跳出专业媒体内容的范畴，而是专业生产与用户生产相互交织、个性化与社交化相互裹挟的内容泛化。

第二节　传媒转型要"穿新鞋，走新路"

互联网的多元性给人类的传播活动和日常生活都带来了新的革命，对传统媒体更是如此，放眼世界，似乎势不可当。这几年来，国内每年都有十多家至二十多家纸媒关闭。面对不容乐观的大环境，传统媒体纷纷谋求转型，试图顺应互联网潮流，突破发展瓶颈。

一、传统媒体再不转型只能等待消亡

据外媒报道，2012 年 9 月 7 日，美国《新闻纪录报》公司宣布已经申请破产保护。这是该公司自 2009 年以来第二次申请破产，并通过媒体寻找买家。《新闻纪录报》公司是美国的报业巨头，该公司在美国的 10 个州拥有新闻和媒体业务，曾经在业务上积极谋求数字化转型，它的首席执行官约翰·佩顿曾因此被视为报纸行业的革新者。而就在同一年，德国国际通讯社（德国第二大新闻机构）也申请了破产保护。据英国媒体报道，仅 2013 年，英国就有 98 家出版社被迫关闭，这一数据较前一年提升了 42%。在这 98 家出版商中，有书籍出版社，也有报纸、期刊出版社。有关专家表示这是新型数字业务模式和销售商的大幅折扣对英国传统出版商造成的竞争压力。

曾任京华时报社社长的吴海明曾经公开提出报业"严冬论"和衰退的观点。随着网络技术突飞猛进的发展，传统媒体特别是报纸行业遭受到前所未有的冲击。中国资深传媒专家朱学东曾在其微博上写道："就新闻业整体情势而言，十年之前，广州是窝巢，北京是翅膀，上海是最后一片新天空（2005）；十年之后，窝巢被捅落地，翅膀折翅，新天空还是一块幕布挡着（2014）。"就目前传媒领域的现状来说，这些言论并非危言耸听。2009 年 8 月 27 日，曾被誉为"媒体中的媒体，新闻中的新闻"的《中华新闻报》成为首家倒闭的中央级报纸。① 2014 年元旦，解放日报报业集团旗下的《新闻晚报》并未如世人一样喜气洋洋地迎接新年，而是在这个辞旧迎新的时刻正式停刊。《新闻晚报》于1999 年创刊，是一份都市类晚报，它也成为上海报业集团成立后第一份休刊的报纸。2016 年 11 月上旬，很多媒体人的朋友圈都被"《京华时报》的主管主办单位变更为北京日报报业集团，并决定于 2017 年 1 月 1 日休刊"的消息刷屏，震惊之余更多的是感慨。

同是 2016 年 11 月，拥有华娱卫视所有权的 TOM 集团正式发布公告称，该年底华娱卫视广播有限公司及其附属公司的所有业务将停止运营。华娱卫视作为首家获准在中国内地落地，进入有线电视的境外卫星电视频道，曾经广受观

---

① 周爱华：《新媒体环境下传统报纸的困境与发展策略——以〈人民日报〉〈南方都市报〉为例》，北京邮电大学硕士学位论文，2014 年。

众喜爱。不光此一家，境内外的电视台近年来均遭遇了前所未有的困难。《2018年皮尤美国新闻业报告》显示：根据商业影响分析咨询服务每年的报告，2016年时 97 家电视台的所有权价值为 53 亿美元。而在 2017 年，107 家地方电视台却以仅仅 47 亿美元的价格易手，出现了很明显的下降。在国内，大部分电视频道广告收入遭受 20% 以上的下跌，在大量纸媒倒闭后，一些电视台栏目也陆续传来了停播消息。传统电视台经过了蓬勃发展之后亦迎来了产业"寒冬"。

传统媒体再不转型只能等待消亡。

二、内容边界变模糊，新闻壁垒被打破

传统媒体缘何步入"寒冬"，究其原因便是以往的内容边界变模糊，坚实的新闻壁垒被打破了。在大众传播时代的新闻教科书里，新闻事业的属性历来被定位在上层建筑的范畴内。"新闻事业是上层建筑的一个组成部分"，并确认中国共产党领导的新闻事业是党和人民的"喉舌"，这一认识是我们党的报刊从一开始创办就确定下来的。《劳动周刊》是中国共产党成立以来创办的第一份报刊，在其发刊词中就宣布"我们的周刊不是营业的性质，是专门本着中国劳动组合部的宗旨，为劳动者说话，并鼓吹劳动组合主义"。不太重视经营，专事宣传，成为彼时新闻事业半个多世纪以来的运营模式。[①]

1978 年后，伴随着改革开放的大潮，财政部批准了《人民日报》等首都八家报纸试行企业管理的报告，新闻媒体的商品属性得到承认。特别是党的十四大以后，建立社会主义市场经济体制的理论确立，整个新闻界基本达成共识：在社会主义市场经济条件下，新闻事业不单是一支强大的精神上、道义上的力量，还是一支强大的经济力量。新闻事业不但要促进社会主义市场经济的发育，而且它本身就是社会主义市场经济不可或缺的有机组成，进而形成了新闻事业具有双重属性的新观念，即新闻事业具有形而上的上层建筑属性和形而下的信息产业属性，这种产业性在实行"企业管理"后，更具有企业性质。

中国新闻媒体双重属性的确立为新闻媒体走向市场提供了理论支撑，并由此引发媒体经济的起飞。在新闻媒体发展的过程中，新闻的事业属性要求新闻产品必须具备公共性质，正如学者展江所言："新闻媒体是全体公民窥视社会和

---

① 李良荣、沈莉：《试论当前我国新闻事业的双重性》，《新闻大学》1995 年第 2 期。

自然环境的共同管道和从事公共事物讨论的公共论坛。"① 新闻媒体所扮演的角色是把信息作为一种公共产品提供给社会公众，因此，公众对新闻媒体有了一定的期待，而新闻专业主义满足了公众对于新闻媒体应当扮演的角色的期待。

1896 年，阿道夫·奥克斯接手《纽约时报》，开始向社会提供严肃新闻，成为新闻专业主义的源头。依据陆晔、潘忠党两位学者在《成名的想象：社会转型进程中新闻从业者的专业主义话语建构》一文中的提法，西方新闻专业主义的基本原则主要包括以下四个方面：首先，新闻专业主义最基本的核心就是：新闻工作者必须服务于公共利益；其次，新闻专业主义要求新闻从业者是社会观察者、事实报道者，而不是某一利益集团的宣传员；再次，新闻专业主义认为新闻从业者是信息流通的把关人，主导社会的价值理念；最后，新闻专业主义要求以科学、理性、标准评价事实的真伪，不臣服于政治权威或经济利益。② 简单概括，新闻专业主义就是要求媒体以社会的公共利益为基本出发点，向公众提供真实、全面、客观、公正的报道。新闻专业主义作为新闻工作者的从业规范，不仅是公众对良心媒体的期待，也是新闻业界的自律规范。因此，在传统媒体时代，我国的新闻生产权力集中在专业新闻机构的手中，新闻内容被认为是专业的、高门槛的、具有公共属性的文化产品，从新闻采编到新闻分发均是一条线性的轨道。故而，"内容为王"一直被媒体人奉为圭臬，那时的"内容"就是指新闻内容，"内容为王"成为媒体经营制胜的法宝。

然而互联网的出现无限扩充了媒体的边界，新闻生产主体多元化，新闻内容从专业生产走向了用户生成，从专业内容变成了草根文化，传播平台也异彩纷呈。在此背景下，传播渠道的壁垒被打破，传播平台不再设置门槛，传统媒体生产的新闻内容在新媒体平台得到大量转发和广泛传播，反观自身的媒体平台却无法获取流量和吸纳用户，这导致了媒体传播影响力减弱并出现经营困境。

三、"新"新闻之新——新模式、新内容、新关系

在大众传播时代，新闻媒体的属性是"事业编制，企业管理"，且新闻媒体在信息传播的过程中充当把关人的角色，这就使得传统媒体的传播模式是

---

① 展江、陈俊彦：《中央电视台新闻频道设计构想》，《中国青年政治学院学报》2003 年第 2 期。

② 李良荣：《新闻专业主义的历史使命和当代命运》，《新闻与写作》2017 年第 9 期。

"点对面"的传播，通过传统媒体播发的新闻都是经过层层筛选和审查的，那个时候媒体和受众还处于一种"以媒介为中心"的传播模式中，而媒体发出的信息也必须是专业的、权威的、客观的。互联网的出现逐渐消融了这一格局，移动互联网的出现更是彻底瓦解了传统媒体的"媒介中心论"。移动网络的社会性清除了公众表达的障碍，突破了大众传播的瓶颈，受众掌握了获取信息的主动权，这种前所未有的赋权使得受众渴望参与到传播过程中去，在获取信息的同时展现自我，愉悦身心。现如今，手持移动媒体的个人可以随时随地在网上发布信息，可以说"人人皆记"的时代莅临，主动参与、自主生成、主动分享成为信息爆炸时代媒介领域的必然结果。移动网络的发展为大众直接参与传播提供了技术条件。在这个"人人都有麦克风"的时代，一个人、一台电脑、一个相机或摄像头、一部手机，就可以发布图文并茂的新闻报道。① 然而，在信息的海洋中，受众不可能接受所有的信息。为了节省精力，受众基于某一特定的共识重新聚合成一个个小群体，在网络上实现人际传播、群体传播乃至组织传播，以往大众传播的模式逐渐被解构。与大众传播时代相比，如果我们把移动互联网时代的新闻称为"新"新闻的话，那么这个"新"体现在新模式、新内容、新关系三个方面。

（一）新模式：无组织的组织传播

美国学者克莱·舍基在其著作《未来是湿的：无组织的组织力量》一书中，阐释了网络时代，"一群人如何解决问题"或者"群体通过什么方式搞定一件事"。克莱·舍基认为，工业化时代人与人的关系是"干巴巴"的——机械化、孤立的僵硬关系，网络的产生打破了这一格局，激发了线下的潜在群体。在网络的世界里，人们通过爱、兴趣、共识、利益形成组织，实现彼此之间的线上沟通和联系，以一种柔软的"湿乎乎"的关系，通过共享、合作、协同生产和集体行动完成某一目标。新的媒介形式使得人与人之间的交易成本大大降低，催化着组织快速成长，最终可能会突破"科斯天花板"。超出这一点，标准的机构形式不再管用。移动互联网为用户提供了自我组织的条件，人和人之间的交流突破了传统的地域限制、时间限制，且交流成本大幅度降低。集体行

---

① 隋岩、曹飞：《论群体传播时代的莅临》，《北京大学学报（哲学社会科学版）》2012年第5期。

动将个人的身份与群体的身份紧密连接起来，建立了共有的责任，拉近了彼此的距离，真正迎来了"人人时代"。同时，有一些不需要社会支持的集合也在"科斯地板"下面运营，交易成本之低使得他们更容易聚集，几乎每个人都可以做到。通信网络的普及和网络技术的发展让人们能不费吹灰之力地记录、搜索、传递信息。社会生活因此具有了高度可见性和可搜索性，这意味着那些拥有共同志趣、相同想法或者基于某一具体地理位置的人可以通过网络这一渠道找到对方并聚集起来相互合作，而这些共有的东西组成了组织的凝聚力，从而免受社会赞成与否的态度制约。这些无组织或者说是"类组织"的人群通过关系媒体联结起来，分享信息、共同协作，致力于一件事情。诸如此类的"无组织的组织力量"便被称为"舍基原则"。在移动互联网环境中，用户除了有个体之间的人际传播，也有基于地缘因素或者兴趣爱好组织起来的组织传播。

不论是席卷全球的开源运动，还是此消彼长的公民运动，在网络上的组织活动中，聚合而成的小群体中几乎很少存在利益冲突或利益损失，因而不会产生"囚徒困境"中的利益博弈。在网络组织传播中的个体大多利益一致、目标趋同，同一组织中的用户始终处于互助共赢的模式，即使出现什么不愉快的冲突，用户也可以选择立刻"缺场"，从而终止冲突的恶化。从社会层面上讲，目前网络用户的多元性打破了以往较为一元的文化价值观念，当这种多样性与社交媒体相结合便会发生奇妙的化学反应，大众化、平民化、个性化的草根文化得以盛行。人们比以往任何时代都更为自由地拥有了表达自身观点的工具和条件，更乐于参与民主进程，积极发表意见，实现了文化产品的大规模业余化。网民能够通过集体行动，促进自身境况的改变。利益与目标的一致促使人们集合起来，借助网络彼此勾连，形成无组织的组织传播。

（二）新内容："以用户为中心"的内容生产

在移动媒体时代，几乎每一个终端后面都对应一个用户，用户通过账号参与新闻的互动和评论就可视为自己亲自参与对该新闻的解构。这种赋权行为使得每一个客户端的用户都对应现实生活中的一个个体，而移动媒体平台为这些用户提供了交流和沟通的机会。可以说，新闻客户端上的互动和交流打破了传统媒体受众被时间和空间隔离开来的状况，人们接收到相关信息后可以随时发表自己的观点和感受，借助移动终端，用户和用户的实时交流成为可能，而基于某一共同话题或者某一热点事件，他们的交流信息也有可能聚合成为组织传播，进而发酵成新的新闻。而这种变化就要求媒体不能再坚持以往的"媒介中心论"，需要把眼光放在用户身上，应该正视用户也有生产权和主动性这一转变。观研天下发布的《2018年中国手机新闻客户端行业分析报告》显示，2017年，中国手机新闻客户端的用户活跃度排前两位的是腾讯新闻和今日头条。根据用户日均浏览量、日均启动次数、日均浏览时长综合评分所得，2017年，今日头条用户使用黏性领先于其他新闻客户端。今日头条的成功，很大一部分原因可归结为其看到了每一部手机后面对应一个个体，而个体的需求是多元的、个性化的，因而其与其他移动新闻客户端最大的不同点就是基于大数据技术的个性化新闻推荐，这也可能是它从众多依靠编辑手工甄选信息的客户端脱颖而出的原因。今日头条的产品核心虽然是新闻信息，但由于它自身并不参与新闻生产，更像是"新闻的搬运工"，因而从运作团队来说更像是一家技术公司。在内容来源方面，今日头条初期只做内容聚合，通过与媒体协同合作，获取广泛的内容资源。在初创时期，《中国青年报》、《扬子晚报》、《南方都市报》、凤凰网、新华网等国内多家知名媒体便已入驻，此外，还有许多机构的新媒体和自媒体加盟，今日头条开放编辑后台供这些入驻者自主更新内容，自己则更像是一位管理者。正如今日头条的品牌口号"你关心的，才是头条"一样，它基于数据挖掘，依据用户的兴趣、浏览痕迹和在某一内容上的停留时长等，以用户个性化需求为导向，为用户"量身定制"新闻内容。其个性化主要表现在三个方面：一是频道定制。今日头条客户端里按照不同的主题划分为48个频道，包括娱乐、社会、政治、热点等，用户可以根据自己的兴趣爱好和阅读经验订阅相应的频道。用户对新闻的关注具有接近性，为此它基于LBS（自动定位系统）技术，自动锁定用户的活动区域，提供本地化新闻服务，同时包含同城活动信息。可以说，通过频道定制，今日头条为用户量身定制了专属的信息推送，让用户可以在自己感兴趣的信息内容中实现浸淫式阅读。二是个性化推荐。今日头条的信息分发完全是基于用户行为的数据分析来推荐的，用户浏览、评论、转发、收藏的每一条行为均被记录，用户的阅读倾向、阅读时长、阅读位置也会被分析，计算机算法通过两者结合大致分析出"用户模型"。发布在今日头条上的新闻，如果在新闻标题左上方有一个蓝色的"荐"字，则表示此条信息是根据用户兴趣专门推荐的。精准化的新闻推送使得每个用户首页上收到的信息不尽相同。不仅如此，用户在今日头条上的"顶""踩""转发""收藏"等行为都会不断纳入算法的演进，通过绑定社交媒体账号和大数据挖掘，用户分析越来越精准，推荐内容越来越精确。① 三是个性化体验。根据用户的需求，今日头条提供了离线阅读、我的话题、同步收藏等功能，为用户随时浏览新闻提供了可能，也让用户更精准地找到自己感兴趣的内容。而在阅读体验方面，今日头条设置了摘要模式、阅读模式、字体设置等功能，真正从用户的角度去提升阅读体验。尼葛洛庞帝在其《数字化生存》一书中强调"要了解'数字化生存'的价值和影响，最好的办法是思考'比特'和'原子'的差异"。在工业化时代，原子分散在社会的各个角落，作为无差别的大众彼此隔离，相互独立。比特作为"信息 DNA"，在人类开始迈向数字化生存的今天，正迅速取代工业时代的原子而成为人类社会的基本要素。也就是说，与建基于原子的工业社会不同，网络社会的生存基础是由计算机和通信技术融合生成的网络空间，其特点是信息的数字化生产、分配和使用。在此过程中，推荐算法新闻的移动终端超越了以往仅仅躲在 PC 端背后人和人的交流方式，而是根据更智能的计算机算法，为用户量身打造个性化信息，这颠覆了传统媒体广泛地、统一地、同质地传播信息的模式。与大众传播时代单向度的传播方式不同，新闻客户端不再把用户当成原子的、分散的个体，而是通过社交网络把用户连接起来的手机新闻资讯应用，很好地诠释了互联网时代"大连接"的特点。今日头条看到了社交网络基于分享功能可以让信息病毒式传播的效果，通过一键分享，允许用户将其平台上的新闻分享到微信、微博等社交媒体，真正实现了信息的跨平台流通。由此，用户建立起了以自我为中心的"传播节点"，通过分享，可以随时随地参与互动。同时，今日头条还引入用户在社交媒体中的好友关系网，通过好友关系的搭建，实现实时关注好友评论、收藏的新闻。在新闻跟帖版块，今日头条不再使用时间线上的逆序呈现方式，而是优先展示社交好友的评论，接着是社交网络中的知名媒体人或网络大 V 等意见领袖的言论，最后才是普通用户的跟帖。通过这种方式，用户可以创建基于自己社会关系和个性的社会化阅读，最大化地进行"关系传播"，同时扩展了信息接收渠道。这种"大连接"的传播方式，巧妙地把新闻客户端与社交媒体结合在一起，增强了受众间的联系。如果受众对社交圈子分享的信息感兴趣，彼此留言或探讨，会引发又一轮的新闻讨论。可以说，在"人人都有麦克风"的年代，新闻媒体只有以用户为

---

① 陈滢：《基于个性化推荐技术的"新闻客户端"的使用与满足研究——以"今日头条"为例》，暨南大学硕士学位论文，2015 年。

中心，才能持续地保持用户黏性。传统媒体主要靠"专业新闻""独家新闻"取胜，但是互联网的普及使得传播模式变得扁平化、去中心化，当新闻触网，实现瞬间传播，"独家新闻"的概念就分崩离析。这时，新闻媒体需放下身段，体察用户需求，以用户为中心，从用户的角度出发进行新闻生产。

（三）新关系：小世界网络

小世界网络，是1998年邓肯·瓦茨和史蒂夫·斯特罗加茨首次提出的。该理论借鉴彼时已经得到普遍认同的六度分割理论①，指出小世界网络拥有两个特征：第一个特征是小型群体内拥有稠密的联系——在一个小群体内，成员之间最好的沟通方式是彼此之间都可以直接关联，每个人都可以直接与其他任何人交流，如果有人脱离群体，其他人之间的联系并不会因此受到影响；第二个特征是大型网络是稀松联结起来的，更大的一群人就拥有多得多的潜在关联，而当一个网络的规模扩大，所有人与所有人关联的小群体特征就变得不实际，而后变得不可行。该理论认为，当二者平衡适度，可以支持信息在网络中有效流通。古话说"物以类聚，人以群分"，微信群聊以组织传播的形式把具有共识的一部分人聚集起来，使得人们通过不同圈层的联结获得新的社会关系，加强了人脉积累的有效性。由于系统中的信息由拥有共同话题、相近的生活习惯或价值观的受众生成，人们更容易聚集在一起讨论，进而在网上形成一个个小世界传播。不论是因为地缘接近还是兴趣相似聚合起来的受众，在移动互联网上组成了一个个小世界。而由于微信群体搭建具有一定的门槛，小世界网络对于信息同时起到增强和过滤的作用。日本社会心理学家池田谦一在《电子网络的社会心理》一书中提到："电脑通信在电子空间可以瞬间跨越时间、空间的距离与社会的藩篱……如果单纯地以'信息之缘'联结的人与人之间的关系可能成为现实，在这个程度上说：造成全球性的没有制约的中间集团能够赋予人们的创造性动力的可能性是无法估量的。"② 在网络时代，人类不仅可以通过手机、平板电脑等移动媒体进行群体性交往，而且能够形成"类组织"，并实现组织传播具有的功能。可以说，网民们基于一个个话题形成彼此关联的小世界网络，这些小世界网络实则就是具有无限创造动力的中间集体。不仅仅是微信

---

① ［美］克莱·舍基著，胡泳、沈满琳译：《未来是湿的：无组织的组织力量》，北京：中国人民大学出版社，2009年。

② 李素霞：《交往手段革命与交往方式变迁》，北京：人民出版社，2005年。

群聊，现如今豆瓣兴趣小组、知乎问答社区等知识型社区 App 都能很直观地为人们呈现出基于趣缘或地缘关系而结成的小世界网络，而现今网络上不断出现且传播广泛的网络用语、表情包，被人们热议的文化现象、热点事件等，很多都源于这些 App，足见其强大的生命力和创造力。

马克思认为，人是既有自然属性又有社会属性的动物。人的社会属性驱使人们更倾向于以群居的方式生存。可以说，人是群体性动物，离开群体，人的诸多价值难以实现。因此，在新媒体赋权人人的情况下，人们通过手机实现人与人的多样性交流，而在此过程中，小世界网络尤显重要，它使得人们的在线交流重获归属感和仪式感。通过这种在网上结成群体，在群体中进行传播的模式，新媒体的内容得以更好、更全面地推广。在广大的受众市场上，群体传播就像滚雪球一般，使得传播内容到达最广泛的受众群体。这种基于"小世界"形成的交流，为人们提供了一条塑造多重自我的途径。在现实生活中，人们怀有不同的理想和追求，但能将理想转为现实的情况相对有限。为了得到精神上的抚慰，人们会通过某种个性化的方式间接地表达自己无法实现的理想。在网络世界中，身体的缺场和角色扮演的匿名状态让网民所受的社会限制大大减少，能随心所欲、开放地扮演自己理想中的角色，并通过这种角色的扮演，重塑自我认同，表达自我人格中未曾被探索的部分。这种在网络上释放个性，改变自己在网络空间中的形象，并通过角色扮演使自我和理想角色之间逐渐渗透的举动，使得受众能扩展和重塑自我认同。而移动媒体上对受众兴趣爱好等独特口味的尊重，使得用户能真正找到属于自己的"圈子"，不管其兴趣有多怪异，不管其个性有多强烈，用户总是能在其中找到志同道合的人或者相关内容，从而找到自己的"组织"，提升用户的归属感，进而保持了用户黏性，保障了媒体的发展。当然，这种更多基于认同关系组成的小群体网络也可能走向另一种极端——桑斯坦在《网络共和国》中提出的信息极化现象，即造成信息茧房，不过随着人工智能、大数据技术的发展以及媒体从业人员对"同温层"的认知逐渐深入，现在各大媒体和互联网公司也在推出相应的应对措施。

四、"穿新鞋"——创建融媒体的新型平台

面对与大众传播时代完全不同的传播环境，传统媒体的采编工作已然不能适应新模式、新内容、新关系，传统媒体转型需要积极引进新技术，用新装备

（也就是"新鞋"）武装自己才能走新路，这个新装备也是保证内容能持续产出的后备力量。打造融媒体矩阵是现在传统媒体转型的必备武器，也是移动互联网环境下传统媒体着力打造的新型传播平台。

2014 年 8 月 18 日，习近平总书记在中央全面深化改革领导小组第四次会议中发表讲话，提出要"推动传统媒体和新兴媒体在内容、渠道、平台、经营、管理等方面的深度融合，着力打造一批形态多样、手段先进、具有竞争力的新型主流媒体，建成几家拥有强大实力和传播力、公信力、影响力的新型媒体集团"。这标志着媒体融合正式成为国家战略。当前，互联网发展的主要趋势是构建融媒体应用平台，打造超级媒体。国外一些拥有平台的互联网公司正在大量整合内容资源。例如，Facebook 推出媒体内容创建工具 Instant Articles，试图通过与专业媒体合作，整合媒体的新闻内容资源；另外，苹果、谷歌、亚马逊也在不断整合视频、游戏、博客等内容资源。这些已经拥有平台的互联网公司希望为用户提供更丰富的内容服务，增强用户黏性，而专业内容生产并非互联网公司的强项，所以各类内容提供商就成为它们希望整合的对象。国内大型互联网公司的发展方向也基本相同，阿里巴巴和腾讯这类拥有平台的互联网公司都在通过收购不同类型的公司来整合资源，以构建功能多元的应用平台，满足用户的更多需求。因此，传统媒体适应互联网信息传播时代的关键在于通过平台融合来汇集用户，以此来获得更多的话语权以及生存发展的资源。融媒体平台就是多个满足用户不同需求的网上及网下平台的融合，其结果就是要构建能够满足用户多种需求的大平台。国内的传媒集团在这方面也在积极部署。除了中央级的传媒集团打造"中央厨房"等融媒体平台外，地方性报纸也在引进先进技术，积极试水。广州日报社位于我国改革开放排头兵的广东省，借着区位优势和一贯开放、创新的经营理念，广州日报报业集团于 2018 年底正式推出"广报中心"。

2018 年 12 月 1 日，由方正电子承建的广州日报融媒体平台"广报中心"亮相。这是广州日报社携手方正电子倾力打造的融媒体平台，实现了"一套系统、滚动采集、滚动发布、统一指挥、统一把关、多元呈现、多媒传播"。通过该平台，工作人员可实现融媒体（新媒体和纸媒）生产、报题策划、业绩考核、资源管理等业务。

"移动优先""深度融合"是广州日报融媒体平台的两大亮点。第一大亮点"移动优先"体现在"超融合掌上编辑部"，即移动采编。采编人员可在任何时间、任何地点处理与采编相关的任何事情，摆脱了时间和空间的束缚，实现了"策、采、编、审、发"核心业务的移动化。融媒体平台是集团融合生产模式的有力支撑，提高了新闻工作者的采编效率。第二大亮点"深度融合"则体现在以下六个方面：一是融媒体报题流程：将报题策划融入生产流程，从过去的"采、编、发"扩展为"策、采、编、发"，新的融媒体平台将各部门的报题及报社报题全部通过系统进行提交并汇总，针对报题的修改意见可以及时反馈给记者和编辑。报社报题库内容可于编前在多媒体大屏幕显示或在 PC 端、"超融合掌上编辑部"查看。二是融媒体协同办公：支持跨部门动态组合的工作室模式，采编工作室打破部门及地域限制，实现团队共创新闻产品、协同采编、实时互动、高效生产融媒体产品，使业务流程扁平化、功能集成化。三是融媒体一稿多签、成品审核流程：融媒体的"融"在很大程度上是在讲内容的融合，即"一次采集、多元生成、多渠道传播、一稿多签"。《广州日报》的媒体矩阵（纸媒、广州日报 App、大洋网、微信、微博）可以共享稿件，这一功能的推广将大大提升新闻传播的时效性。同时，实现了对广州日报 App、大洋网、微信、微博成品的审核，至此新媒体各渠道成品的审核全部纳入一个平台进行管理。四是融媒体大数据应用：该应用使得稿件内容在传播分析上有所突破。编辑可方便地进入大数据平台，浏览互联网上各种线索和热点信息，进行订阅和事件追踪，也可以在写稿时查看系统推荐的相关新闻，实现智能辅助写稿。该应用还可对发布的稿件以及报社整体发稿情况进行传播监控分析，提供转载媒体排行情况、传播路径等信息。五是统一指挥报道平台：通过该平台，可实现重大事件、突发事件的统一指挥报道。报社领导、编辑、记者之间可以建立高效、可靠、安全以及随时随地的信息传送渠道，通过统一指挥报道平台的快速通道，指挥者可以即时、全面地了解新闻报道全过程，从而对新闻报道生产进行有效的管控。六是全媒体绩效考核：全媒体绩效考核推进了《广州日报》新媒体考核、新媒体好稿评选、纸媒考核、纸媒好稿评选，全面覆盖了融媒体产品考核管理，促进了融媒体考核机制实践，创新了管理决策，激发了采编人员提供优质原创内容。以考核作为指挥棒，可增强媒体传播力，提升绩效管理的全面性和准确性。

　　当前，媒体深度融合与转型是行业发展的主旋律。在媒体转型的过程中，融媒体平台的建成及投入使用只是个开始，在政策利好的风向标下，只有利用移动互联网、大数据技术、人工智能等先进科学技术建立适应移动互联网传播的新闻生产方式、生产流程和指挥体系，才能打造出更受用户欢迎的新闻产品，真正实现"业务融合、数据融合、管理融合、用户融合"。创建融媒体平台正是从外部技术上保证新闻生产的革新，这也正是"穿新鞋"的题中之意。

五、"走新路"——延伸媒体产业链的变现路径

在传统媒体的"内容为王"时代，只要做好了新闻内容，就会产生强大的传播力和实现良好的社会效益。在互联网技术快速发展、传播平台多元化的背景下，比较单一的手段很难解决媒体的生存发展问题。如果要论证"什么为王"的话，应从媒体的属性、媒体的困境以及如何转型突围去分析。媒体的传播社会价值的属性，决定其必须以"新闻内容为王"；而从商业模式来说，则无法以新闻内容去直接变现，需延伸内容的价值链条，由只做新闻内容，转向把做新闻的本领延伸、拓展到相关的内容领域，精准定位目标用户的需求，延伸媒体产业链的变现路径，这也是传统媒体转型需要开辟的新型之路。

在大众传播时代，传统媒体生产优质的内容能快速地增加发行量，吸引广告客户，形成强大的传播力，积累雄厚的经济实力，这种"二次售卖"的商业模式促使媒体形成了盈利和良好社会效益的双向互动循环，透过报纸的黄金时代——20世纪90年代的报业发展状况便可窥一斑而知全豹。然而，伴随着互联网技术的进步，人类处于被数字信息所笼罩的数字信息世界。传统方式已经无法进行有效而准确的价值适配，传统信息处理范式危机一触即发。随着4G、5G信息技术的升级和应用、个人移动智能终端的普及以及移动应用平台的快速发展，个人化的传播时代已经到来。个人化的传播有别于过去标准化、规模化、内容生产类型化的大众传播，每一个受众个体在信息传播过程中都是一个独立的主体。在此背景下，传播平台不再设置门槛，基于人工智能的自动抓取和推送，传统媒体生产的新闻内容在技术驱动的新媒体平台得到大量转发和广泛传播，反观自身的媒体平台却无法获取流量和吸纳用户，这导致了媒体传播影响力减弱并出现经营困境。而广告投放者不会在意是谁创造了内容，他们只关心哪个平台的用户最多，什么渠道能把内容进行最大范围的传播，"二次售卖"的商业模式开始坍塌，以往的单一手段已经难以解决媒体生存发展的问题。

当下如果媒体还只是局限在"新闻内容"生产领域，是无法做大做强传媒产业的，只有积极转变经营思路，延伸内容的产业链条，精准定位目标用户，

通过相关内容领域的产品获取经济价值，才能适应变化、拥抱未来。随着移动互联网的普及，自媒体通过一个个特殊内容连接特定的领域和用户，最终通过具有特色的内容产品的传播变现。美妆博主通过网络直播吸引用户对其节目进行打赏；微信公众号通过介绍当季的流行元素吸纳粉丝，再通过广告投放或推荐购买实现赢利；知识付费 App 通过向有需要的人群提供学习视频收取学费，等等。随着媒体边界的不断扩展，媒体可以通过介入新闻内容之外的相关内容拓展商业想象力，以做新闻内容为基础，将做新闻的本领延伸到相关的内容领域，生产出超越传统媒体范围的产品类型，延伸媒体产业链，满足用户需求，增强媒体经济实力，推动传媒产业发展。

例如，人工智能对接新闻内容，可提升媒体的社会价值，但难成商业模式。而媒体机构一方面肩负传播社会价值的使命，另一方面需创造经济价值、自负盈亏，这就决定了媒体不仅要提高内容生产力、扩大传播影响力，还要寻求生存、赢利的商业模式。如果媒体以人工智能为驱动，依托内容生产能力，积极开发人工智能产品，便可形成新型的内容产品创造，进而打造新的商业模式，助力媒体传播社会价值，改善自身的经营状况。人工智能对接媒体产业链，媒体可以形成两个模式：智能化思维下的新闻生产模式和智能化产品生产的赢利模式。如 VR 新闻至今仍未找到成功的商业模式，但运用 VR 技术做与新闻相关领域的产品，则市场前景广阔。广州时间网络科技有限公司（简称"时间网络科技公司"）是由南方周末报社前执行总编辑向熹创办的科技公司，该公司深耕 VR 行业，主要为中国市场量身定制以文化创意为核心的 VR 应用和服务，由于创办人的旨趣所在，该公司也在行业新闻上有所动作，可算是一家网络媒体公司。短短一年时间，该公司已经完成首轮融资，估值一亿元。时间网络拥有"黑匣网""黑匣光线""黑匣时空"三个商标。其中"黑匣网"主要报道科技新闻、行业报告和产品测评，自 2016 年 5 月上线至今，其累计服务读者 2 000 万，覆盖 95% 以上的行业人群；"黑匣光线"提供 VR 游戏、VR 视频及 VR 体验设备定制服务等行业解决方案，2017 年 5 月，该公司开发的 VR 应用"光芒映照丝路"成为"一带一路"国际峰会上唯一的 VR 应用。此外，同年 9 月，由时间网络科技公司联合广州市宣传部推出的 2017 年广州《财富》论坛 VR 宣传片《花城广州》是我国第一部城市 VR 宣传片；"黑匣时空"提供公园、文博场馆、机构展馆等空间的数字解决方案，其中该公司综合利用 VR、AR、AI 技术打造的 VR 动物园活化升级整体解决方案已经在广州动物园实施，广州动物园也因此成为真正意义上的全球第一座 VR

动物园。可以说，时间网络科技公司融合了媒体人做内容的能力和先进的技术优势，不断把业务延伸到科技领域，不仅实现了社会价值，也探索出让公司持续发展的赢利之路。首先，时间网络科技公司以"黑匣网"作为行业新闻的聚合平台，把最新、最热门的 VR 资讯传播给用户，并在该平台上推荐最新产品，提升品牌影响力；其次，通过"黑匣时空"和"黑匣光线"为政府机构、企事业单位提供专业的 VR 数字解决方案，把内容生产延续到线下，根据用户需求提供 VR 数字产品，真正实现了人工智能驱动的内容产业化；最后，通过新闻内容提升公司的社会价值，通过 VR 产品达成赢利模式，两者联动形成具有系统性价值链的商业模式。

第三节　泛内容变现：内容创意再定义报业赢利模式

一、技术改变新闻生产流程，重塑新闻生成方式

当下，与媒体紧密相连的前沿技术应该就数人工智能和大数据技术，大数据技术主要是为编辑和记者提供充足的信息以及在海量信息中提取有价值的数据和内容。而人工智能却可以作用在新闻生产的各个环节，可以说，人工智能在传媒行业掀起了一场不容忽视的改革。AI（人工智能）作用于媒体，意味着媒体从"众媒"走向"智媒"，并逐渐过渡到"体媒"。虽然人工智能的概念几乎人尽皆知，但是人工智能的定义尚未达成普遍共识。其中被较多提及的概念出自《牛津哲学词典》："人工智能是关于制造能做跟人一样的事情的机器的科学。"媒体与互联网的融合正从过去的门户媒体时代、现在的社交媒体时代，走向未来的智能场景时代，人工智能与媒体的"联姻"给传统媒体行业带来了革命性的颠覆。

2017 年，国务院颁布的《新一代人工智能发展规划》开启了人工智能元年。在传媒行业，人工智能技术与应用的迅猛发展，重新构建了人与信息的关系。而在这之前，各大媒体机构早已先行试水，把"人工智能＋传媒"运用于

实践。经过不断地摸索和创新，人工智能在新闻生产和分发等各个环节都运作良好，对接人工智能成为媒体发展的新趋势。

（一）人工智能重构用户平台

传统的新闻生产由于具有垄断性质，因而用户平台也局限在报纸、广播、电视等专业媒体范围内。随着物联网技术的发展，用户平台不再仅仅是传统媒体所拥有，而是呈现出"万物互联、人机共生"的态势。移动互联网的出现，使得人们能随时随地获取信息，以往专业化、垄断化的用户平台被改变，用户通过一台智能手机就能完成看视频、读报纸、听广播的灵活转换。人工智能的发展进一步让用户平台超越了传统媒体的范畴，万物皆媒成为可能。随着人工智能技术的迭代升级，可穿戴设备、智能家居、智能汽车等新技术使得人体变成双向的"人肉终端"。人体终端化促使人与物体、人与环境之间进行"对话"，因此除手机外，人们日常接触的家庭设施、交通系统都可成为用户获取信息的平台，用户平台不再局限于传统媒体的信息接收装置。

（二）人工智能助力新闻生产

智能物体、智能机器进入新闻生产领域已不是什么新鲜的事情。从 2014 年 3 月《洛杉矶时报》发布第一篇机器人自动生成的地震新闻开始，全球各大传媒机构也纷纷推出了自己的写作机器人。初期的机器人写作主要运用于模式化的体育新闻和财经新闻，但随着"自动化"程度的深化，现在的写作机器人还能加入对人类行为和情感要素的分析，写出接近人类水平的成品。如今日头条在里约奥运会期间推出了自己的写稿机器人"xiaomingbot"，其引人注目的特征是新闻样式较多且能够进行自适应——根据赛前预测和实际赛果的差异调整新闻生成的语气，用更加专业的评论语气和更有逻辑的分析思路来写稿。写作机器人的诞生大幅度提高了新闻媒体机构的生产效率，而且能使记者从简单、重复的基础性劳动和危险性高的环境中解脱出来，把更多的精力和时间投入到深度调查、内容创意等高端技术性工作中。如传感器新闻利用传感器突破人类生理极限，使得传感器成为人类器官的延伸，进而从更多空间、更多维度获得与解读信息。

（三）人工智能创新分发渠道

传统的新闻分发主要由媒体机构完成：记者和编辑完成新闻采编，然后通过媒体自身的发行或播出渠道完成内容的分发。当人工智能介入新闻分发环节，以往垄断的新闻分发渠道退居次要位置，以基于计算机推荐算法或是社交关系的新闻聚合类媒体为代表的新型分发平台成了人们获取信息的主要方式。CNNIC 的报告指出，截至 2017 年 12 月，手机网络新闻用户规模达 6.2 亿，占手机网民的 82.3%。[1] 进一步细化来说，76.5% 的网民目前主要通过新闻类网站和 App 获取资讯，社交应用的占比排在第二位，为 51.0%。[2] 其中基于计算机推荐算法的新闻聚合类媒体运用大数据和人工智能技术，根据用户的社交行为、浏览轨迹和在新闻上停留的时间推算出用户的阅读兴趣，据此推送其感兴趣的新闻。而基于社交关系的新闻聚合类媒体则依托社交应用的广大用户群进行新闻推送，并在信息分发的过程中嵌入机器人系统，与用户实时沟通，以提升交流感。BBC 旗下的 BBC Mundo 与 Facebook Messenger 共同推出 Lei He's Facebook 机器人，利用 Facebook 发布的 Messenger API，机器人可通过自动化消息与用户进行沟通。当用户询问机器人关于某个话题的消息时，系统会利用 BBC 新闻已经具备的主题标签系统来提取关于某个主题最新或最热的文章，经由机器人推荐给用户。

（四）人工智能健全监管体系

传统媒体时代的内容监管主要是通过媒体机构的"把关人"进行事前审核和事后监督，由于传统新闻内容的采编和新闻分发渠道被媒体垄断，因此内容监管多由人工完成。网络时代，信息体量呈几何式增长，传统的监管方法明显力不从心，但人工智能的引入可以帮助媒体机构解决这一难题。利用人工智能技术，媒体能对内容的传播效果进行实时监测，对作品版权进行追踪追溯，还能进行智能语义识别等，大大降低了人工成本，提高了监管效率。例如，腾讯的"万象鉴黄智能识别系统"利用人工智能技术，通过学习定义、收集样本、训练模型和测试验证等步骤完成对图片信息的识别，从而鉴别图片是否涉黄，可以部分地代替人工审核工作。

---

[1] 《第 41 次中国互联网络发展状况统计报告》，中国互联网络信息中心，http://www.cnnic.net.cn/hlwfzyj/hlwxzbg/hlwtjbg/201803/t20180305_70249.htm，2018 年 3 月 5 日。

[2] 《中国新媒体趋势报告》，企鹅智酷，http://tech.qq.com/a/20171120/025254.htm#p=1，2017 年 11 月 20 日。

（五）人工智能可从生理层面获取用户反馈

受众反馈是传播的重要依据，媒体只有通过受众的反馈才能实现有效传播。1954 年，施拉姆提出了传播的循环模式，在传播过程中引入"反馈"机制，认为传播不是单向直线的模式，而是互动循环的过程，传播者的传播和受众的回应构成互动循环的路线。在大众媒体时代，媒体一般通过问卷调查、电话访谈或者受众的来信来稿获取反馈信息。进入互联网时代后，用户的反馈渠道更为多样，除了传统的反馈方式外，用户可以随时将态度、感受通过邮件、跟帖、弹幕等方式反馈给信息生产者。不管是大众媒体时代还是网络时代，这些反馈信息无疑都是受众主观生成的，免不了含有情绪化的语言和不实信息，想要真正了解受众，媒体机构还需要花费大量的人力物力对这些反馈信息进行鉴别和二次加工。智能时代的开启，使媒体机构可从生理层面直接获取用户的反馈信息，从而得出更为客观、科学的反馈。比如通过眼动仪、脸部肌电图等测量出用户接收信息时下意识的动作，并推测出用户对该信息的反应。用户生理层面的反馈可以更加真实地反映信息对用户的作用过程和作用效果，进而通过用户反馈调整信息的生产，实现有效传播。

未来媒体的发展离不开人工智能的技术支撑，行业格局调整倒逼机构改革，媒体若想谋求进一步的发展，需积极引进人工智能，加快技术创新，实现从技术保障到技术驱动再到技术引领。

二、泛内容——引领媒体转型新方向

这里讲的媒体泛内容概念，是指相对于只做新闻内容的"窄"，扩大到各种内容都做而出现的内容"泛化"现象。泛内容运营是媒体在转型中介入相关多元化经营，以摆脱生存发展困境的一条重要路径。"营销者正在现实和趋势间徘徊，寻找新的解决方案。此时，作为营销活动的核心环节，内容生产被赋予了颇为重要的使命。"[①] 打造泛内容产业也成为媒体转型的新方向。

媒体经营陷入困境后，不少媒体已有了做泛内容的实践。南方报业传媒集团在这方面就有突出的表现。面对新技术的冲击，南方报业积极部署智慧转型，该

---

① 马涛、周艳、聂乃知：《内容破局："互联网下半场"的营销创新》，《新闻与写作》2018 年第 2 期。

转型战略包括媒体智库化、传播智能化、智慧园区建设等重点项目，通过技术赋能、数据支撑以及智库化、专业化生产，南方报业可以为社会提供更多的智慧产品和智慧服务。其下属的南方日报社除了认真做好主流新闻内容的传播之外，还做了一系列的泛内容经营项目。2017 年，他们在佛山市涉及的泛内容的智慧型主要项目就有四大类型共 66 项。其中智库研究类有"佛山领导决策参考""'十城演义——创新驱动视野下的城市方法论'大调研""佛山供给侧结构性改革企业调研报告""顺德城市形象更新与提升总体策划报告"等 17 项；平台活动类有"珠三角工匠精神展示馆项目""大沥镇产业战略发布暨广州路演策划执行及传播""高明区政府与南方日报共建招商引智平台""佛山文化旅游面向广州深圳高校推介会"等 16 项；智库策划传播类有"第三届'珠洽会'策划传播""《攻坚供给侧，佛山有担当》全媒体特刊""南海知名品牌创建小区全案传播""顺德纪念改革开放 40 周年全案策划""禅城建设'首善之区'研究与传播"等 21 项；新媒体服务类有"'南方+'禅城频道、南海频道、顺德频道、三水频道共建""'南方+''今日顺德北'子频道建设"等 12 项。这些泛内容项目的实施，不仅创造了良好的社会价值，履行了主流媒体的社会责任，而且内容策划者也从中找到了较好的商业模式。

2018 年，南方报业传媒集团在原有基础上开始注重品牌塑造，提出"移动优先、数据优先、用户优先"三大发展战略，其中尤其重视数据的力量。2019 年初，集团充分发挥南方报业媒体数据的特色优势，着力打造"南方数据"服务品牌。"南方数据"可以说是报业集团为泛内容产品打造的"品牌战略"。"南方数据"的主要业务为：为党政机构、企事业单位、高校、智库及研究人员提供数据服务、数据洞察服务、数据技术服务等。具体来说，主要分为三个部分：一是数据服务，即提供数据库服务，主要是整合集团各类数据库及数据子集，形成南方数据矩阵，重点包括集团旗下的新闻内容数据、智库数据、调查数据等。同时基于基础数据重新策划、编制各类主题数据库，例如"高交会数据库""红线女数据库""广东政策数据库"等多类数据库集群，也会通过合作等形式集聚外部互联网热点数据、部门数据、行业数据、商业数据等。数据库服务主要以浏览、搜索和下载服务为主。二是数据洞察服务，主要以对外提供集团智库的研究报告为主，展示南方报业各智库的洞察力。适当时候可考虑将外部智库的研究报告放在"南方数据"上为用户服务。三是数据技术服务，整体展示及提供集团各单位研发的数据技术系统产品，适当时候也可提供数据获取、数据处理、分析预测和可视化展现等一站式数据技术服务，例如"智能辅助创作系统""新闻知识图谱"和智能信息管家等。"南方数据"通过整合媒体的平台优势和做新闻业务的能力，联动相关部门，通过"媒体＋数据"的叠加效应，让南方报业权威的媒体数据实现更多价值，以更好地成为党政机构等单位组织研究和决策的重要工具，为社会治理现代化的智能化、精准化、工具化赋能。（详见图 3 - 4）

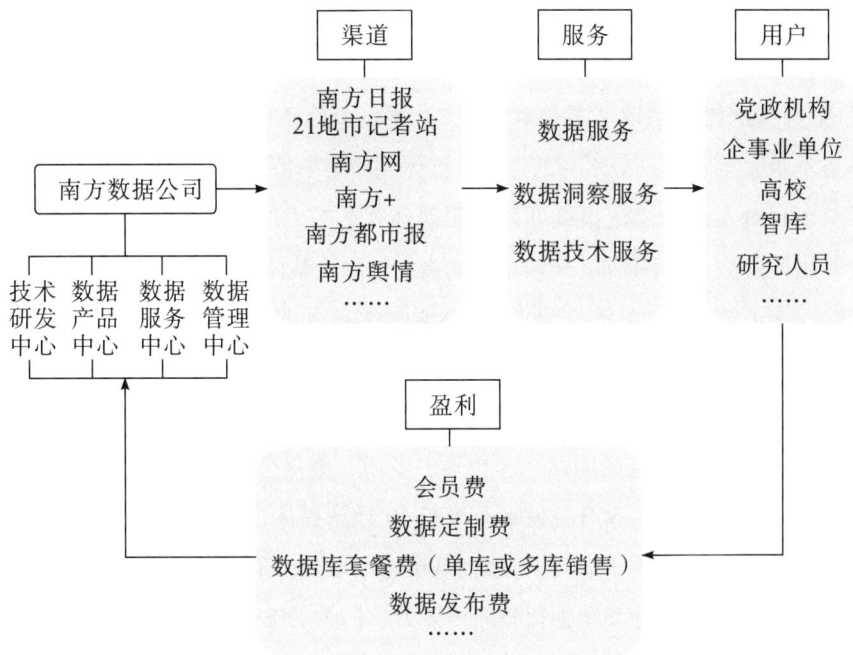

图 3 - 4 **"南方数据"服务商业模式**

从南方报业传媒集团等媒体的实践来看，重视泛内容经营，既是为了对媒体传统的经营方式进行变革创新，也是为了发挥媒体擅长做内容的优势，立足自身特色实现长足发展。"泛内容"概念拓宽了媒体内容涵盖的范畴，以做新闻内容为基础，将做新闻的本领延伸、拓展到相关的内容领域，还可以凭借自身特色打造相关品牌，扩大传播影响力。只要赋予了做内容的内涵，运用了做内容的手段，都属于泛内容的范畴，那么所形成的产业都属于内容产业。

媒体如果一味地发展非相关多元产业，并非自己所熟悉的行业，不容易做好，也容易将转型变成转产。所以，媒体应尽量做自己熟悉的事，也就是做泛内容经营，乃至发展成为泛内容产业。许多媒体懂得了这一道理，将打造媒体传播影响力平台以形成强大的社会价值与实施泛内容经营方略以形成新的商业模式放在两个层面上进行思考。2018 年开年之际，在上海报业集团"争当打响上海文化品牌的龙头"推进大会暨年度工作会议上，该报业集团党委书记、社长裘新回顾过去，展望 2018 年的发展规划，对两个层面有清晰的表述：

第一个层面，关于媒体肩负的打造强大的传播影响力的社会责任。裘新强调，上海报业集团将坚定推进现代新型主流媒体集团建设，让现代新型主流媒体集团成为上海传媒乃至上海文化品牌的一张金名片。可以说，上海报业集团其对未来媒体发展前景的判断是清醒的。作为传播社会价值的媒体不在乎多，而是要做强做大、做出影响力，因此对于自身创新和转型创新艰难、已成为包袱的部分传统媒体采取"关停并转"。上海报业集团已对下属的《新闻晚报》《东方早报》等将近三分之一的报刊进行休刊，集中精力将《解放日报》《文汇报》《新民晚报》等主流报纸办好，并创办有影响力的新媒体。这样就形成了"《解放日报》/上观新闻：全国地方党报媒体融合整体转型的第一品牌""《文汇报》/文汇客户端：在人文思想领域影响排名前列的新型主流媒体""《新民晚报》/新民客户端：上海市民喜闻乐见、国内互联网传播领域知名的新型主流媒体"三大媒体平台方阵。同时，打造出了澎湃和界面两大现象级新媒体。如今上海报业集团已拥有的网站、客户端、微博、微信公众号、手机报、搜索引擎中间页、移动端内置聚合分发平台等近 10 种新媒体形态，267 个端口，新媒体稳定覆盖用户超过 3.2 亿人。① 我们从中可以看到，不管媒体和媒体生态发生怎样的变化，上海报业集团强化新闻传播力、扩大主流声音的社会责任未变。

第二个层面，上海报业集团有比较清晰的经营思路，在泛内容领域寻求经营的新突破。他们在打造新媒体平台的过程中，并非只是考虑新闻传播，还大力打造有特色的超出新闻内容范围的泛内容产品。在财经服务领域，推出了"摩尔金融"；在提供个性化、对象化、定制化信息产品领域，推出了"唔哩"；在综合信息服务领域，推出了"周到"等市民生活服务平台。这些产品围绕新技术运用，以新的有特色的内容，形成新的商业模式，探索市场化发展之路。据了解，该集团的信息服务面向机构投资者和高净值用户，提供收费财经新闻、政策解读、市场研判、公司报道、数据分析、专家咨询等服务，为专业投资决策提供参考。裘新透露，2018 年，集团媒体信息服务收入预算为 6 600 万元，比上年实际完成数增加 5 700 万元。集团现有营业总收入中，媒体业务约占三

---

① 裘新：《潮来潮往，皆为光辉岁月》，在上海报业集团总部大厦召开"争当打响上海文化品牌的龙头"推进大会暨年度工作会议上的讲话，2018 年 2 月 28 日。

分之一，文化产业业务约占三分之二。在上海报业集团延伸的媒体产业链中，文化产业无论是动漫出版、新一代实体书店、文化创意设计集聚区、文化综合体，还是展会、文化金融服务、文化类大数据等，都是泛内容。[①] 这种泛内容的营销可以成为某些善做内容的媒体的发展战略，也就是泛内容战略。这种相关多元化比非相关多元化更符合媒体开展的实际，也更容易成功。其实，即便是非相关多元化，也需要战略规划、品牌推广、内容连接用户，说到底还是需要泛内容支持。

三、人工智能对接泛内容——凝结多种赢利模式，扩展媒体商业想象力

在智能时代，媒体行业每天都在上演剧烈的交替和更新，传统媒体的定义不再符合当下实际。现如今，传统媒体的影响力持续减弱，新业态、新产品会随时诞生，面对百舸争流、千帆竞发的局面，媒体只有结合自身优势，寻找智能时代的定位，重构发展模式，方可突破重围。得益于物联网的全面覆盖，很多内容都可以连接机构、项目、产业，因此，媒体发展"AI + 泛内容"可以凝结成一系列集成商业模式，乃至形成多种产业模式，进而推动传媒产业的优化改革。

（一）AI + 舆情分析：媒体成为市场主力军，精确研判孵化舆情产业

党和政府对舆情收集工作一贯高度重视，在中华人民共和国成立之初就以新闻媒体为主体建立了完善的内参制度，内参作为舆情收集的前身一直延续到今天。但迈入网络时代，这种以人工为主的舆情收集方式无法应对互联网影响下舆情信息量暴增的舆论新生态。自 2008 年国内最早的舆情公司——人民网舆情监测室成立后，网络舆情公司纷纷涌现，专业的网络舆情产品开始在市场上流通。至此，"网络舆情"从给政府宣传部门特供互联网信息内参，开始走向市场化、社会化服务。媒体延续了当年内参传统，自然成为网络舆情市场的主力军，并为政府和社会持续提供舆情报告、舆情产品和舆情服务。据统计，当前开展舆情分析业务的新闻媒体至少有 23 家，新闻媒体已经发展成为中国舆情

---

① 裘新：《潮来潮往，皆为光辉岁月》，在上海报业集团总部大厦召开"争当打响上海文化品牌的龙头"推进大会暨年度工作会议上的讲话，2018 年 2 月 28 日。

产业的核心力量，整体营业规模正逐年上升。以人民网的人民舆情为例，其2016 年度营业收入已达 1.65 亿元。^① 然而随着舆论产业的开放，从事舆情服务的组织逐渐增多。近年来，有实力的科技公司、以新闻传播专业见长的高校以及知名的公关公司均纷纷进入该领域。面对这一变化，媒体机构一方面要利用好自身天然与公权力机构的密切关系，为相关部门提供专业、及时的舆情报告和舆情产品；另一方面也要着眼整个行业趋势，把最新、最好的技术应用于舆情分析，提升效率，做到精准研判舆情趋势。将大数据和人工智能作用于舆情分析领域发生了奇妙的化学反应，以往模糊、抽样的舆情分析实现了热门话题精确抓取、热点趋势研判和舆情可视化，这无论是在舆论导向还是线索挖掘上，意义都不容小觑。如浙报传媒集团 2017 年上线的浙江舆情地图模块就采用了大数据加人工智能技术，通过关键词设置的方式，对数千家网站、论坛、电子报以及微博中关于浙江的信息进行实时抓取，设置过滤规则，并以热度值的方式对当日新闻进行排序，最终通过标题方式显示，这在一定程度上满足了采编部门对互联网舆情采集的需求。针对敏感新闻事件，浙报数据和舆情分析团队实时监测全网舆情，并将舆情线索呈现在大屏，帮助团队第一时间对相关的网络舆情进行监测分析，并把分析简报及时送达相关机构供其参考。^② 2014 年成立的南方舆情数据研究院，现已初步搭建起遍布广东全省的舆情处置网络。南方舆情数据研究院以传播智能化为重点，推进媒体与大数据、云计算、人工智能深度融合，努力提升舆情服务的精准度和抵达率，实现了"省市—县区—镇街—企事业"的全面覆盖，为超过 150 家用户提供监测预警、分析研判、应对引导和技能培训等一揽子舆情智库服务，成为探索广东治理现代化的首席舆情服务平台。媒体引入人工智能技术作用于舆论分析，正是通过连接机构扩大了媒体的立体传播效果，同时通过连接舆论产业反哺媒体的发展。

（二）AI＋广告销售：广告变"窄告"，可寻址广告精准对焦用户

百货商店之父约翰·沃纳梅克曾说过："打广告的钱有一半是浪费的，但是永远不知道是哪一半。"确实，在大众媒体时代，受众原子式地分布在世界上的各个角落，他们是面目模糊、需求各异的群体，广告主无法得知自己的产品会

---

① 吴涛：《我国舆情产业的兴起节点逻辑背景与未来走向》，《当代传播》2018 年第 3 期。

② 董林立：《"造厨房"只是媒体深融的第一步——浙报集团推进媒体深度融合的精细化探索》，《新闻战线》2018 年第 5 期。

在什么时候被什么人关注，只能退而求其次对商品"广而告之"，尽量扩大传播范围。但是随着区块链和人工智能的介入，广告的精准投放成为可能。美国媒体巨头康卡斯特公司推出的以区块链驱动的工具——Blockchain Insights 平台，即在数据所有者分享其资产且无须交给第三方的情况下，广告营销人员和网络能够通过区块链技术匿名地匹配他们自己的客户数据，以确定网络项目与产品广告的最佳匹配结果，实现基于不同数据池开展可寻址广告活动，使公司真正获益。媒体可利用人工智能技术为用户画像，了解用户的需求，从而精准地把产品广告推送给目标用户，可以说，借助人工智能，广告正逐渐变成"窄告"（如用户通过手机网页搜索信息，待他打开购物 App 时，便会收到以往搜索信息的相关商品推送；视频客户端的插播广告会根据用户当前所在的位置信息推送当地房地产广告或用当地方言口播的广告等），但广告的类型和广告内容的种类却大大丰富了。

（三）AI + 数字娱乐：技术催生数字产业链，娱乐壮大传媒资本

广义的数字娱乐泛指所有利用数字技术为用户"制造快乐"的各类产品的总称，其外延与西方七国信息会议提出的"数字内容产业"相近，该概念在 1996 年欧盟草拟的《信息社会 2000 计划》中得到进一步明确，共涉及互联网服务、移动内容、游戏、影音、动画、数字出版等多个领域。[①] 作为数字技术与艺术要素紧密结合的一种产业，数字娱乐领域的 AI 应用已经广泛普及，如当下火爆的网络直播可通过人工智能技术美化主播的形象和声音；被苹果收购的 Faceshift 主要是通过强大的面部表情捕捉软件和 3D 传感技术来实现面部动作及表情的实时捕捉，生成虚拟人像，让用户一分钟便能成为视频的主角。数字娱乐作为现代娱乐方式的重要一环，与市场和社会文化娱乐消费密切相关。由于数字娱乐产业与现代科技紧密结合，其在文化产业体系中是最能体现科技、艺术、商业三位一体的现代形态。在拓展泛内容业务时，媒体可以形成完整的数字娱乐产业链，借助文化娱乐消费壮大传媒资本。

浙报传媒集团在 2013 年斥资 31.9 亿元收购盛大网络旗下的游戏平台杭州边锋网络技术有限公司和上海浩方在线信息技术有限公司，积极发展数字娱乐

---

① 李思屈：《"创新危机"的破解与中国数字娱乐产业的发展》，《浙江社会科学》2011年第 7 期。

和竞技直播业务，着重布局互联网文化产业。通过资源整合和产业拓展，联动数字娱乐产业链上下游业务模块，浙报传媒集团构建了以网络游戏、网络文学、互联网视频、动漫和数字出版物等内容为主体的数字娱乐产业链，并成为国内一流的数字娱乐产业服务商。截至 2017 年 3 月底，浙报传媒市值 259 亿元，是 2011 年上市之初的近 5 倍，其中互联网服务收入已占到整个集团总营收的 40%，利润占比超过 50%。①

（四）AI + 智库服务：建构多元产品体系，扩大立体传播效果

"智库"来源于英文 Think Tank，又被称为"思想库""智囊团"，主要是指以公共政策为研究对象，以影响政府决策为研究目标，以公共利益为研究导向，以社会责任为研究准则的专业研究机构。② 从概念出发可知，智库与传统的主流媒体有着天然的亲近性：公共政策、公共利益、社会责任，是智库研究的范畴和准则，亦是主流媒体需要承担的义务和责任。但智库的发展初期主要是在深度调研的基础上负责传播最新思想产品和智慧资源，其主要传播对象是社会精英阶层，传播范围较小，这就造成了智库与媒体平行发展的局面。

习近平总书记在党的十九大报告中明确提出，要深化马克思主义理论研究和建设，加快构建中国特色哲学社会科学，加强中国特色新型智库建设。2018 年 3 月，国家新闻出版广电总局印发《关于加快新闻出版行业智库建设的指导意见》，鼓励主流新闻出版单位建设媒体型智库。这既是对主流媒体已有探索的充分肯定，也为主流媒体开展智库建设提供了政策指引。如今，得益于国家政策的大力扶持，各类智库争相成立，智库不得不直面扩大传播力和影响力的问题。故而，现阶段的智库不仅需要向上层决策单位输送有思想性的建议，也要在普通大众中进行传播和引导。大型传媒集团凭借多年累积的品牌影响力、公信力，始终占领传媒行业高地，此类传媒集团在人工智能技术的支持下拥有更优质的内容生产力和更广泛的传播平台。相较于政府智库和高校智库，媒体智库最大的优势是了解基层、贴近实践，自备强力传播平台，具有丰富传播经验，可以通过有效传播提升智库产品知名度，扩大智库成果影响力。媒体还具有强大的资源链接和整合能力，可以迅速有效地凝聚政府资源、市场资源和社会资

---

① 蒋国兴：《深度融合让产业变革更轻快》，《新闻传播》2017 年第 13 期。
② 上海社会科学院智库研究中心：《2013 中国智库报告——影响力排名与政策建议》，2014 年 1 月。

源，共同投入到智库产品的生产传播过程中。主流媒体具备信息搜集分析功能，同时拥有一批深耕各报道领域的资深记者和编辑，他们的专业分析和研究能力具备向分析师、研究员转型的良好基础。因此，媒体与智库融合拓宽了主流媒体关注的视野，也为用户提供了更为宽泛的服务，产生"一加一大于二"的优势效果。自带"智库基因"的主流媒体在中国特色新型智库建设中前途宽广、大有可为。

近年来，南方报业传媒集团积极顺应媒体融合发展趋势，大力推进以智库化、智能化为标志的智慧转型，逐步打造了包括南方经济智库、南方法治智库、南方城市智库、南方教育智库、南方党建智库、南方数字政府研究院、广东乡村振兴服务中心、南方周末研究院、南都大数据研究院、南方舆情数据研究院等在内的系列传媒智库，一个形态完备、产品多样的智库矩阵已初步成型。南方传媒智库力图通过建构高端的专家库，推出个性化、对象化、定制化的内容产品。2018年6月29日，南方报业传媒集团举办了首届南方传媒智库高端论坛。在此次论坛上，由上述首批十个智库组成的南方传媒智库矩阵正式亮相。如今，这些传媒智库充分挖掘自身潜力，推出了一批"广度与深度并存、传播与研究并重"，有质量、有影响的智库产品和服务，涵盖深度调研报告、第三方评估、指数榜单、测评鉴定、咨询认证等多种形态，在经济发展、社会治理和公共服务等领域发挥了积极作用，有效提升了主流媒体的服务能力和品牌影响力。如南方城市智库以"立足广东、对标全球，把脉城市发展、凝聚社会共识"为宗旨，重点对粤港澳大湾区城市发展的热点问题进行深入研究，提出具有建设性、可操作性的思路和建议。他们连续两年推出的以城市比较研究为特色、服务于珠三角城市群建设的智库产品"十城演义"，深入解读创新驱动发展视野下"城市方法论"，引发了广泛关注。南方数字政府研究院发挥南方网多年积累的政务网站建设与运营经验优势，积极参与广东"数字政府"建设，为全省各级政府提供从创新解决方案、平台产品研发、运营管理维护到效能评测监督、传播推广普及在内的互联网政务全链条服务，由他们主导运作的广东省政府网站集约化平台入驻政府网站已超过1 300家。优秀的智库调研成果甚至能推动相关政策的制定、落地：2019年初成立的南方经济智库通过"汇数"与"汇智"相结合，服务广东经济改革发展，由他们牵头实施的奋力实现"四个走在全国前列"系列深度调研，其成果不仅传播广泛，而且结集成书，作为参阅材料送进了中共广东省委十二届四次全会会场，得到省领导和与会代表的高度肯定。南方经济智库受省政府委托制作的广东"实体经济十条"落实情况评估报告，直接推动了相关新政策的制定出台。

南方传媒智库矩阵依托媒体一贯具有优势的内容生产力，借助集团广泛的传播平台，把智库服务与相关机构、群体进行连接，从为个案提供智慧型解决方案到成立智库矩阵为政府、企业、公众提供系统化、全方位的智慧项目，并整合资源开展各类咨询、项目运营等泛内容业务，实现了媒体模式、智库模式和商业模式的齐头发展。可以说，媒体智库是传媒集团探寻新的商业模式的优势路径。媒体可牢牢抓住做内容的能力，借助自身优势的传播平台，建设媒体智库矩阵，构建多元产品体系，形成常态化的品牌效应，扩大立体传播效果，延伸原有品牌影响力，努力做到让新闻作品成为思想作品，让新闻生产成为文化创新，以新产品、新服务体现新型主流媒体的新能力、新价值。在数据驱动的智能时代，应从单一的新闻角色向研究、服务、参与的多维角色转型，通过打造泛内容产品，真正通过内容转型实现内容创业，成为独树一帜的数据型、智慧型智库媒体。

四、搭建智媒化泛内容商业生态系统，走出媒体发展新道路

互联网时代，面对信息来源的多元化和信息总量的爆炸，公众不再满足于简单的信息服务，而是需要有深度的智慧服务。亨利·詹金斯认为，在媒体融合的世界里，讲述好每个重要的故事、推广每个品牌等，都是通过多媒体平台来实现的。[①] 因此在探索媒体转型的道路上，传媒集团可以和新兴的科技公司合作，以自身的内容优势为基础，注入科技公司的技术基因，实现信息多样态、多平台流转。应以技术驱动补齐短板，以专业的内容做强长板，借助泛内容产品打造智慧型集团。

由四川日报报业集团与阿里巴巴集团联合打造、《华西都市报》负责实施的封面传媒在成立之初便引起行业的关注：其借助人工智能技术构建出了以新闻、消费、人文三个内容为主的泛内容生态系统。首先，基于专业媒体的立身之本，封面新闻"以原创为显著特征"，突出"智能推送＋专业生产＋用户聚

---

① ［美］亨利·詹金斯著，杜永明译：《融合文化：新媒体和旧媒体的冲突地带》，北京：商务印书馆，2012 年。

合"，持续不断地生产有品质、有思想的新闻内容，赢取社会公信力。在生产新闻的过程中，其借科技发力，引进"封巢"智媒体融合系统，通过主题词抽取、词联想、文章关联分析和推荐，为作者实时提供全网资料，使技术和内容完美结合。封面传媒的写稿机器人"小封"还能提取文章要点，通过与科大讯飞的语音转换技术相叠加，合成语音新闻概要，形成 MGC（机器生成内容）全场景沉浸式体验。机器人"小封"现在每天写稿量超过 120 篇。它写稿的领域涉及体育、财经、灾害、生活、娱乐、科技等，如 8 秒成稿 1 300 字的地震报道，在对世界杯的报道上也创造了封面新闻以前所不能达到的高度。其次，封面传媒摆脱了传统媒体独立、封闭的发展惯性，以开放的姿态谋求与政府、商业机构和个人的合作，重新连接社会资源，创建可供用户、企业与合作伙伴互动分享的平台，并利用这些平台打造与众不同的产品和服务，拉动用户消费。2018 年世界杯期间，封面传媒借势推出"AI 世界杯"，定制足球游戏，让用户通过玩游戏赚取积分赢大奖，吸引了大量用户与平台进行互动，从而完成从新闻内容到泛内容产品的转换。其实在这之前，封面传媒已经尝试过将 AI 常态化地应用到生活场景中，推出了多种服务应用。2017 年，封面传媒基于教育大数据、机器学习算法等技术制作了一款 H5 应用"封面新闻高考志愿小助手"，该应用可以智能预估高校录取分数、进行大学专业评测以及智能填报志愿。同年七夕情人节之际，封面传媒举办了"AI 相亲大会"，机器人"小封"通过单身男女的照片和基本资料，为他们挑选最为匹配的相亲对象。"十一"黄金周期间，封面传媒又举办了"机器人小冰携手大熊猫　邀你美丽四川行"活动，通过图像识别技术，用户上传自己的照片便可以由机器人打分拼颜值，上传景区照片便可以由机器人生成诗歌展示美景。借助人脸识别和图像识别这两项技术的应用，用户在客户端得到的不只是新闻资讯，还有诗意的体验。最后，封面传媒陆续推出封面智库、封面号、封面舆情等系列产品，全方位打造智能新闻矩阵，聚焦社会热点，培养用户人文情怀。新闻资讯客户端的短板在于缺乏交互性，封面传媒通过人机交互技术，让新闻传播更具交互性、更加智能化。2017 年 7 月，微软"小冰"正式入驻封面新闻客户端，此后在短时间内经历了 3 次迭代，产品功能不断完善。用户在使用封面新闻时，可以与"小冰"聊新闻、聊天逗乐，"小冰"也会在新闻之后跟发评论。这项兼有语音识别、图像识别的人工智能技术，为封面传媒下一步的人文探索奠定了基础。除此之外，封面传媒也注重集团内部的人文价值观塑造，其与微软、北京师范大学共同成立了"人工智能与未来媒体实验室"，该实验室针对人工智能与传媒技术融合做创新研究，旨在探索"AI + 传媒"的未来。

封面传媒整合了媒体、科技和学术的优势，把以往对媒体的输血功能转变为媒体自身的造血功能，为媒体的新技术运用提供智力支持。[①] 立足人工智能时代的发展趋势，封面传媒在做好新闻内容的同时，把发展的眼光投向传媒关联产品，打造了跨媒体、电商、文娱的泛内容产业链，借助技术、内容、资本三轮驱动的动力引擎，探索出影响、资本、产业三环联动的赢利路径，最终形成智媒化的泛内容商业生态系统。

第四节　媒体介入泛内容经营后的坚守与创新

一、媒体转型仍需坚守"以社会价值传播为己任"

从媒体根本属性、社会责任来说，毫无疑问必须坚持"内容为王"，而且这里所说的内容指的是新闻内容。换句话来说，作为媒体，传播社会价值、坚守优质内容是最根本的，其他都是手段。

"内容为王"的话题，一直有争议。媒体有过毫无争议的"内容为王"时代，那就是互联网还未兴起的传统媒体时代。在那样的年代，传统媒体都集中精力把新闻内容做好。对报刊来说，开始是由邮局发行，后来相当一部分报业自办发行。不管哪种发行，都是传统的派送方式，只有相对的快慢之分，即自办发行会派送得早一点，当时的叫法就是抓一个"早"字，让自己的报刊快一些送到读者手中。时效性对发行有影响，尤其是在质量同等的条件下。然而，报刊能否获得大量的读者，以实现报刊社会价值的最大化，关键还是报刊的质量。根据新闻单位"事业编制，企业管理"的属性，报刊除了传播社会价值，还要生存发展。这就必须重视经营工作，需要一支良好的经营队伍，但传统媒

---

① 《"未来媒体"新等式：封面 + 微软 + 北师大 = 全国首个 AI + 媒体实验室 | 媒前沿》，搜狐网，http://www.sohu.com/a/192858385_770332，2017 年 9 月 18 日。

体时代经营的最牢固基础是新闻的内容质量。原因是，只有优质的具有广泛影响力的报刊才能引发广告客户的关注。广告是报刊经营的主要收入，甚至是许多报刊实现赢利的唯一路径。所以，无论从传播社会价值还是做好广告经营实现商业价值看，报刊新闻内容都是起决定作用的。正因为没有什么争议，所以在那个年代实际上没有人去侈谈"什么为王"。

直到互联网快速发展，传统媒体陷入困境之后，才引发"什么为王"的争议。总体上看，无非是三种意见。第一种意见依然坚持"内容为王"的观点。理由是，作为报刊等媒体就是要做内容，不把内容当"王"，做媒体就失去了价值。第二种意见认为内容不再为"王"。因为，很多互联网企业在做内容，社交平台在做内容，甚至许多自媒体人也在做内容，并非由报刊等传统媒体垄断了新闻内容。在这种情况下谁发布了内容并不重要，重要的是看谁用什么技术、何种平台将内容传播得最广，用户体验满意、认可度高。于是，有人认为"技术为王""渠道为王"，有人认为"用户体验为王"。各有各的说法，各有各的道理。第三种意见认为内容是基础，应该连同技术、渠道、平台、服务等一体化发展。第三种意见比较客观、平衡，有较多的人能接受。近些年来，不乏内容创业成功者通过做内容，不仅争取了大量的用户，从中看出了内容产生的强大的社会影响力，而且找到商业模式，实现了商业价值的变现。但是，如果以此就得出结论还是应该"内容为王"，就有点偏离原来关于"内容为王"争议的范围了。原来媒体争论的"内容为王"之"内容"指的是新闻内容。而现在讲的"内容创业"成功之"内容"指的并非新闻内容。方夷敏的公众号"黎贝卡的异想世界"的创业实践，做的就是有别于新闻的泛内容，绝不是她以前当娱乐记者时的那种新闻内容。广告客户提供的内容只是素材，她要重写，在写的过程中完全以适合某一群体的特殊语境去表达。其泛内容大量是青年女性关注的时尚话题，并以"时尚服务内容＋广告/电商"，或连接产业，都取得了良好的效益。方夷敏曾说：平台虽然改变，但做的工作仍然是内容生产。

综上所述，优质的内容（不管是新闻内容还是泛内容）产品是媒体发展的必要条件，传统媒体作为社会的公器，天然具有传播正确价值观的属性，此时，对于媒体来说，优质的内容不仅要能吸引大量的用户，还需要有正确的内容价值取向。赖特在《大众传播：功能的探讨》一书中提出，大众媒介主要有四个功能：监测社会环境、协调社会关系、传承文化和提供娱乐。除此之外，我国媒体还是党的"耳目喉舌"，需要进行正确的舆论引导。因此，传统媒体在发展泛内容产业链的时候，仍然需要坚守社会价值的传播，坚守社会价值就是要坚守"新闻内容为王"。要做好新闻内容，应将其范围扩展到传播社会价值方面，即从承担社会责任的角度来考虑，但不能寄希望于通过做好新闻来摆脱经营的困境。其实从中央到地方的一些主流媒体，都在厘清如何把握好社会价值与商业价值的问题。2018 年 3 月 13 日，《人民日报》在新浪微博上的粉丝量达5 647 万人，当日发微博数达 52 条，阅读数超过 100 万次，互动数达 73 万次。《人民日报》各微博平台（包括"人民日报""人民日报评论"和"人民日报全国党媒平台"）总粉丝量逾亿，可谓中国第一媒体微博。《人民日报》官方微信公众号粉丝量也超过千万人，还有"侠客岛""学习小组""人民网"等一批影响力颇大的新媒体账号。《人民日报》旗下单条破百万、千万乃至亿级点击量的爆款产品呈井喷态势。《人民日报》通过往新媒体转型创新，强化了作为中国第一大主流媒体的传播力和影响力，这是有目共睹的，而其影响力主要来自于对新闻产品的严格把关，坚持正确的价值导向，传播社会价值。但这些火爆的新闻内容型产品是很难自然延伸为商业模式的，经营必须另辟蹊径。当然，经营与新闻也并非没有关系，一个能做出高品质新闻内容的媒体，其通过打造公信力和权威性，提升品牌社会价值，有助于利用社会资源做好经营。而且，做新闻内容与做泛内容有一定的联系。因此，作为媒体应正确处理好传播社会价值与做好经营的关系，而从我国新闻媒体的性质出发，坚守传播社会价值是媒体机构、新闻工作者必须保持的底色，反过来说，这一底色也能扩大媒体的社会影响力。

二、以泛内容为突破口，创新媒体经营模式

国务院推出的《"十三五"国家战略性新兴产业发展规划》中，把数字创意产业列为国家战略性新兴产业，甚至视为一种新的经济模式。内容创意作为数字创意产业的重头戏，借着政策利好的东风成为中国资本市场的投资热点。[①]以舆情分析、网络游戏、智库服务、广告服务等为代表的内容创意正迎来前所未有的黄金时代。而当前正在发生的这场人工智能革命给各行业都带来了深刻的影响，变化是最大的机会，传媒业凭借先天对新事物、新技术的敏感性，应

---

① 王成文：《内容创业的十种商业模式》，《中国出版》2018 年第 7 期。

充分利用人工智能技术，重构新闻生产力和生产关系，以内容为核心，向内容创意产品延展，搭建泛内容商业平台。在此过程中，媒体要防止故步自封，要以产业融合的视角来寻找符合自身的发展模式。[①] 国内外的传统报业集团以互联网为方向，以技术和内容为驱动，采取移动优先策略，在积极推动媒体转型的道路上，都取得了可观的成果。

《纽约时报》可以说是传统纸媒转型的典型之一，其广为人知的"付费墙"模式在媒体转型的浪潮中引起了广泛的关注，而随后紧跟新技术、新趋势推出的一系列改革措施，也彰显了其积极布局媒体生态系统的勇气和谋略。

首先，积极拥抱移动互联网，新闻内容灵活多样。为了适应数字化发展需要，《纽约时报》先后成立了独立核算的数字化部门、技术部门和自主研发部门。目前已经具有完备的技术团队、产品团队、数字媒体设计团队、消费者洞察分析团队以及研发团队。其实早在 2015 年，《纽约时报》就在数字化改革上积极布局。从 2015 年开始，《纽约时报》取消了内容付费模式。为了紧跟年轻人的节奏，开发新的用户群体，Apple Watch 一上市，《纽约时报》就紧接着推出其 Apple Watch 版应用；为进一步在移动设备上吸纳用户，《纽约时报》又发布移动应用"纽约时报现在"（NYT Now）和"纽约时报观点"（NYT Opinion）。这两个程序虽然由于没有达到预期而被关闭，但相关负责人员却不认为这是一次失败的尝试。相反，他们认为这为《纽约时报》抓取用户阅读数据、了解用户网络行为逻辑提供了很好的平台，是一次应时而发的传播尝试。2016 年，《纽约时报》开始与 Facebook Live Video 直播平台合作，并成立了一个全新的视频直播团队，专门负责在 Facebook Live Video 平台上制作并进行视频直播等工作。日常追踪并预测社交媒体发展的数据平台 NewsWhip 专门针对《纽约时报》的视频直播做了研究统计。根据对《纽约时报》在 Facebook 直播平台上进行的 40 场视频直播的分析，NewsWhip 发现《纽约时报》的直播成果有以下特征：一是《纽约时报》的视频直播善于击中新闻热点，有较强的挖掘能力；二是《纽约时报》视频直播的受众群体广泛，具有国际化特色。《纽约时报》曾用无人机直播过中国桂林国家公园景区山水风景全貌，引来超过 22 万用户围观。据 NewsWhip 分析，视频直播对于《纽约时报》来说是对文字新闻

---

① 郭全中：《互联网时代的传媒产业新趋势》，《新闻记者》2014 年第 7 期。

报道的一种补充，直播的记者通常会在评论栏里放入文字报道的链接供用户阅读。① 2016 年 5 月，《纽约时报》在其 Facebook 的主页上开设了 Whistleblower 系列专栏节目。此节目分为 5 个部分，由曾获普利策奖的著名商业记者和专栏作家 Gretchen Morgenson 主导。观众可以通过视频直播与商界名人们进行互动交流。此外，《纽约时报》还推出 VR 新闻，如关于难民儿童遭受战争蹂躏的《流离失所》，让用户以第一视角真切感受难民生活的困苦和辛酸，也能够使用户在短时间内感受到不同的环境，为用户提供一种宅在家中就能走遍全世界的新体验。

其次，立足用户需求，拓展多元产业。除新闻业务之外，《纽约时报》还进行了其他数字产业的战略性发展。《纽约时报》实验室除运用大数据对每个读者所选取的成千上万个话题进行聚集分析、单独识别以达到精准推送外，还推出各种需要付费的研究报告。2016 年，《纽约时报》开始进行多方收购和整合，把业务拓展到多个领域。2016 年 3 月，《纽约时报》从初创企业孵化器 Science Inc. 收购了 HelloSociety。HelloSociety 是一家数字营销机构，可以帮助广告商将他们的信息发布到社交媒体平台之上。由此可见，《纽约时报》将不再满足单一的信息生产和分发，也把触角伸向社交媒体。2016 年夏天，《纽约时报》推出了一款配送业务，为那些喜欢 New York Times Cooking（简称 "NYT Cooking"）烹饪网站的用户配送食材。NYT Cooking 是 2014 年 9 月《纽约时报》开发的内容产品，它独立于美食版块，有自己独立的网页和移动端应用。令人意想不到的是，《纽约时报》现有付费数字订阅用户为 136 万，但 NYT Cooking 每月的活跃用户能达到 700 万，仅仅是档案库里的食谱，就有 17 000 多份，能给用户提供外挂式的技能参考。该应用还与 Chef'd 开展配送新业务的合作，用户可以在 NYT Cooking 上根据菜谱选择食材，Chef'd 负责配送，并承诺在 48 小时内将食材送达用户家中，实现了线上业务和线下业务的优势整合。为了更好地进行数字化转型，《纽约时报》在 2016 年 11 月收购了 The Wirecutter。The Wirecutter 由 Gawker Media 科技网站 Gizmodo 前编辑布莱恩·林（Brian Lam）于 2011 年创立，主要提供高新技术产品的推荐信息，其范围涵盖评论、书籍、电影等。此次收购将为《纽约时报》带来更多元的内容，增加创收渠道。

---

① 《盘点 2016 国外媒体变革之路》，搜狐科技，https://www.sohu.com/a/122971456_465245，2016 年 12 月 29 日。

第三章 突围：泛内容变现之路

· · ·   · · ·

2017 年初，美国《连线》杂志一篇关于《纽约时报》战略改革的报道中提到，《纽约时报》正在把数字订阅服务作为报纸的主力业务，期望这方面的收入足够支持其在世界各地派驻记者。可见，《纽约时报》的战略正是通过发展泛内容产业，待互联网平台形成良好的商业生态系统后，更好地反哺传统媒体。

在国内，媒体也积极转变经营模式，扩展泛内容业务，制定和推进转型战略。浙报传媒集团以"三圈环流"打造"互联网枢纽集团"。一是通过收购边锋和浩方来获取约 3 亿互联网注册用户；二是自 2014 年以来打造了"三圈环流"的数字媒体产品矩阵，即核心圈、紧密圈和协同圈；三是斥资 3 亿元自主研发了"媒立方"系统，包括智能传播平台和大数据资源平台，可满足媒体融合发展所必需的从信息发现、一站式生产、全媒体发布到智能化分析、精准化服务等多重需求；四是提前卡位布局大数据产业，即在传统媒体公司中率先建立起数据库业务部，继而全面实施大数据产业投资战略，组成了包括浙江大数据交易中心、"富春云"互联网数据中心项目、大数据创客中心以及大数据基金在内的产业方阵。[①]

人民日报社则围绕移动化、数据化、智能化三大路径积极拥抱新媒体技术，延伸产业链条。一是移动化：在移动化产品领域，新闻客户端成为《人民日报》聚合多元内容、进行垂直分发的主阵地，配合其官方微博、微信平台，形成三位一体的移动传播矩阵。《人民日报》还充分利用移动端直播的优势，抢占时政热点、聚焦社会百态。在"重庆万州公交车坠江事件"的报道中，《人民日报》法人微博在事件发生后 4 个小时内发起直播，在开展救援与事故善后的过程中共直播超 12 小时。多机位直播画面全景还原长江二桥、救援船指挥中心等新闻现场。视频记者实时跟进，最大限度与事件保持同步。4 场直播报道达到了 2 400 多万次的观看量，[②] 更直观地展现了事件经过，也为正确引导舆论导向作出了积极贡献。此外，人民日报社还以微信、微博平台为载体，用 H5 页面、动画、微视频等技术加强原创内容的社交属性，让新闻内容或关键议程在社交网络中得到大范围传播，从文化层面与网络用户形成互动，从而促使用户产生传播和参与的社交动力。如中国人民解放军建军 90 周年前夕火爆朋友圈的"军装照"系列通过 H5 页面的形式让网友主动参与，形成了很高的社交活跃热

---

①　郭全中：《传统媒体转型实践研究》，《新闻战线》2018 年第 21 期。

②　吴鸿波：《试论媒体融合背景下新闻理论与实践的创新——以〈人民日报〉融媒体新闻产品为例》，《东南传播》2019 年第 1 期。

度，上线后浏览访客迅速超过 10 亿。二是数据化：人民网抓住历史性机遇，积极布局大数据业务。人民数据有两类业务，一类为舆情业务发展起来的大数据业务，另一类为依托 70 年《人民日报》数据形成的数据库业务。人民在线（人民舆情）一直走的是一条自建数据技术平台的路，通过技术上不断迭代投入，构建了一个以大数据价值挖掘为核心的生态系统。从 2016 年开始，人民在线陆续推出如众云大数据开放平台、人民慕课以及大数据综合解决方案、大数据媒体融合解决方案等战略产品。2018 年又基于其人民云大数据开放共享平台，推出三大业务平台，分别是：大数据管理平台、大数据服务平台和大数据创业平台。大数据管理平台定位为资源整合与共享，可直接为政府和企事业单位提供云计算等平台资源或直接承建其大数据中心；大数据服务平台则偏向业务解决方案；大数据创业平台对外参股、收购具有核心技术的数据类创业公司，对内孵化优质项目。三是智能化：人民日报社通过构建"中央厨房"，专设数据新闻与可视化实验室，具备了专业的数据采集、编辑、分析能力，让人工智能协同大数据渗透到策划、采集、编发、播发、反馈等流程，形成数据化、智能化采编运营体系。相比于传统的新闻采写和报道，人工智能和大数据技术介入的新闻生产更加具有逻辑和数据思维。而智能系统不仅能运用在新闻生产领域，也逐渐渗透到媒体工作者的日常工作中。2017 年 3 月，机器人"小融"进驻位于人民日报社新媒体大厦的"中央厨房"全媒体大厅，担任小助手。基于全媒体大厅的日常应用场景，在东、西、南、北四个大厅里的机器人"小融"成为导览、互动助手，还可以进行 Wi-Fi 登录审核、互动聊天、会议提醒等。

在传统媒体转型搭建的商业生态系统中，传统媒体凭借多年的积累具有品牌效应，泛内容产业是资源和品牌延伸，而最终形成具有互联网性质的媒体平台是转型的最终目标和归宿。高水平的运营者能够有效地击中用户痛点，生产出具有创意的泛内容产品来实现短期的商业价值变现；对传统品牌进行产业拓展来实现中期的商业价值变现；通过媒体转型升级来实现长期的商业价值变现。传统媒体可以利用自身的资源优势和品牌优势来拓展相关的泛内容产业，并用赚取的利润来补贴传统媒体和为媒体转型提供资金支持。其中具有强大现代传播能力的融媒体平台是构建媒体商业生态系统的根本，当传统媒体的互联网平台具有强劲的赢利能力后，可以更好地反哺传统媒体，两者联动，共同推进，可形成具有强大传播力和经济实力的媒体集团。

第五节　全媒体传播体系下的内容运营

随着新兴媒体的发展和各类传播技术的日新月异，万物皆媒的媒介化社会已经来临，形成了全程媒体、全息媒体、全员媒体和全效媒体的新格局。媒体要趁势而上，打造全媒体传播体系，将内容运营推上新阶段。

一、处理好新老媒体的关系，实现内容价值的最大化

综观中国传媒业发展的大趋势，分析当前媒体及各类传播平台发展现状，构建全媒体传播体系，无论是扩大新闻内容的传播影响力，实现社会价值的最大化，还是通过泛内容变现，找到媒体的商业模式，从而做大做强中国传媒业，都有重要的现实意义和长远的战略性意义。

在构建全媒体传播体系的过程中，要认真处理好传统媒体与新兴媒体的关系。万物皆媒时代，传统媒体既要继续坚守，又要拥抱新媒体、加快转型，且必须明白这两者的各自优势，以新的思路和新的举措处理好新老媒体的关系。要抓住当前的机遇，借助媒体融合趋势顺势而为，在一体化发展中实现新闻内容传播价值的最大化。以下三个方面的情况值得我们认真关注：

（一）在现阶段，传统媒体依然具有新媒体无法替代的优势

毫无疑问，在新技术推动下，各类传播平台传播了大量信息，许多人已远离传统媒体。而且，传统媒体由于经营的大幅滑坡，自身生存发展也出现了从来没有过的困境。然而，这并不意味着要让传统媒体尽快"消逝"。

在现阶段，国家层面依然以政策导向和扶持措施确保传统媒体中主流媒体的生存发展。从现实来看，传统媒体在新媒体语境下仍有现实价值，其具有新媒体不可替代的优势。一是传统媒体的专业性和信息发布的权威性是新媒体所远不能及的。在新媒介技术支持下，任何组织和个人都可以介入新闻生产领域，完全颠覆了传统媒体新闻采集、编辑、传播的垄断地位。这种传受界限消弭的

新型新闻传播方式在一定程度上解构了传统的新闻专业主义，传播权力扩散使传统的新闻质量标准和新闻伦理面临瓦解。不同于新媒体，传统媒体的社会性功能始终存在于受众的认知中，它承载着社会公信力，带有强烈的使命感——发掘真相和报道事实。但这一基本道德规约在新媒体"人人皆媒"的传播格局中不能顺利延续，没有受过专业训练的很多网民，在事实判断和新闻发布上不具备"客观、真实"的使命意识，单凭个人的情感和直觉参与新闻生产，造成了传播内容的情绪化和碎片化，影响了新闻事实的还原。在"假新闻"和"后真相"现象频发，舆论反转、众声喧哗成为常态的现实状态下，传统媒体的权威性、理性引导和事实调查优势已凸显出来，表现出强大的公信力。从队伍建设维度看，传统媒体人有较高的媒介素养，在真假难分的海量信息面前能以专业人士的专业眼光去筛选判断。专业且庞大的采编队伍使传统媒体在内容、把关方面形成了一套专业的新闻生产方式和审核规范程式。这些传统媒体特有的专业队伍优势和组织系统保障带来的传播优势，正是自媒体人和商业互联网传播平台欠缺的。二是传统媒体仍掌握着重要的内容源。媒介融合背景下，新技术、新渠道等因素虽然可以在短期内使媒体得到快速发展，但从宏观和长远来看，内容仍是媒体生存的基础。当前我国网民结构发生重大改变，有数据表明，中间阶层已取代"三低"（低学历、低年龄、低收入）成为我国网络的主导性力量。大众结构的精英化扩大了用户对媒体报道深度的需求，比起人人都会做的泛新闻，传统媒体的信息服务价值被社会重新感知。信息洞察、深度解读、内容深加工等天然优势决定了短期内传统媒体仍会是优质原创新闻内容的主要生产者，而追求时效性和量产的新媒体原创力不足，这使它不得不依附着传统媒体生产的新闻内容。以北京《新京报》为例，其大量高品质内容仍是各大新媒体门户和聚合平台觊觎的资源，"内容为王"的媒体基因成为它在激烈竞争中抢占先机的有力保证。此外，有记者证的传统媒体人拥有新媒体少有的采访权，在重大活动、重要社会事件面前，以《人民日报》为代表的传统主流媒体在线上线下均占据主导地位，掌握着核心信息源。从以往的传播实践中可以发现，大量的深度报道和权威评论是由传统媒体及其创办的新媒体平台最先发布的。此外，传统媒体多年发展所积累的政府和社会资源，以及几十年运转中所沉淀下来的品牌和平台价值，都是短期内新兴媒体无法超越的优势。

技术的发展给传统媒体带来的转型焦虑，不过是媒体变革时代的一个正常的过程。传统媒体一方面要在坚守中有所创新，另一方面要充分认识新媒体的巨大能量，在与新媒体共存的地盘中拥有自己强大的阵地。

（二）新媒体的新活力倒逼媒体的变革创新

在构建全媒体传播的媒体语境下，新媒体打造的传播平台、传播渠道形成的传播新活力，无疑倒逼着传统媒体乃至整个传媒业的变革创新。新媒体的新活力主要体现在三方面：第一方面，新媒体具有强即时性和交互能力。新媒体利用海量的数据和自媒体人形成了其独有的新闻信息发布方式，以往单向的信息流动转变为传者受者的双向交流。非线性的传播方式使受众得到畅所欲言的机会，同时构建了足够的空间和场景与受众进行对话和互动，根据用户反馈及时调整内容生产，对于掌握舆情、改进新闻传播思路有重要意义。加之移动新媒体的诞生突破了传统媒体发刊的时空局限，受众可以通过移动智能终端随时随地进行信息发布和反馈，直接参与到新闻制作和传播领域中去。这种新媒介技术催生的新型信息传播格局为新媒体传播提供了广泛的社会支持基础，网民散处各地，新闻线索无处不在，一切群体和个人都可以随时将身边发生的新闻事件借助网络进行编辑发布，成为新闻的引爆点。这也保证了新媒体的新闻时效性和先发性优势。2015 年 8 月的天津塘沽大爆炸和 2018 年 10 月的重庆公交车坠江等重大公共事件都是在微博等新媒体平台上最先被网民发布，随即多媒体整合迅速出现话题度。第二方面，新媒体更新了新闻内容的传播渠道。相较于传统媒体，互联网技术消解了媒体之间的介质壁垒，新媒体传播形式和传播介质的多元化极大地丰富了用户的媒介接触点，使人们可以利用日常生活中的时空碎片最大限度地进行信息输入，这种新媒体特有的碎片化传播让信息传播无孔不入，一定程度上保证了信息内容的覆盖面和到达率。第三方面，新媒体的技术革新也带来了传媒技术的新飞跃。随着 VR（虚拟现实）、AR（增强现实）等新技术进入新闻领域，信息传播内容和表现形式不断创新，全方位加深了受众对新闻内容的感知。此外，新媒体的分众化传播能够精准定位到每位有需求的用户，实现信息个性化定制和推荐。而伴随着多种媒体手段和新媒体技术碰撞融合，从人工智能助力新闻生产到算法重新定义新闻分发领域，媒介融合仍在不断拓宽新媒体的既有内涵和外延。

实际上，新媒体带来的新形式、新渠道、新技术，在不断地扩充和改变着媒体形态和传播内容，引领着媒体的发展变革。主动借助新媒体的传播优势，提高新闻内容产品的传播力已经成为当下媒体转型的共识。

（三）深度融合：弱化传统媒体和新媒体边界是大势所趋

新媒体当下还不是传统媒体的"掘墓人"，总体来看，新媒体环境中的传统媒体仍是一座需要不断开采的富矿，在这种情况下，传统媒体明确自身优势，坚守阵地，无须争议。当前面临的问题是如何借助新媒体延续自己的优势，将自己的声音更广泛地传播出去。

全程媒体、全息媒体、全员媒体和全效媒体从时空、形态、主体、效果四个维度指出了当前媒体融合的发展趋势，形成协调合作、分工清晰的媒介融合新格局需要明确全媒体时代下传统媒体和新媒体的新定位。传统媒体具有多年累积起来的事实调查与深度解读的优势，但又因为单一、封闭亟待转型；而新媒体把关缺位导致新闻信息真假难辨，但非线性传播又具有先天的交互性和即时性优势。媒介融合需要新媒体和传统媒体在内容与传播手段上优劣互补，本质上是双方"取其精华，去其糟粕"的补充、拓展和延伸过程，不是"你死我活"的敌对关系。这种新老媒体彼此的不可替代性尤其在关键时间节点上更易被社会感知。虽然很多新闻热点最初多由新媒体引爆，但传统媒体的深度解读和信息二次加工则为社会注入强心剂。从实践来看，当今的传播格局仍是传统媒体和新媒体关于真相和时效性的竞争格局，官方和民间两个舆论场现象仍在，这归根到底是由于传统媒体和新媒体的割裂。在新媒体语境和舆论竞争态势下，实现民心融合需要消解两个舆论场的失衡与对立，进而达成社会共识，融合为一个完整的舆论场。这对传统媒体和新媒体的融合发展提出了更高要求，即不断将媒介融合朝纵深推进，实现深度融合。

深度融合的关键在于"一体化运作"。传统媒体和新媒体深度融合要从本质上坚持一体化发展，需要处理好传播主体间、新老媒体文化以及新技术、新渠道间的深度融合。我们要看到，媒体融合最核心的是人和思想的融合，加快全媒体人才和专业记者队伍的建设，要形"合"也要神"融"。媒介融合也代表着新老媒体文化的冲突与变革。传统媒体教化性的庙堂式文化和新媒体开放多元的竞争式文化需要在融合中找到平衡，如何在融媒体环境下关照仍停留在传统媒体受众文化特质中的老年群体需求，提升新老媒体融合中的文化兼容性亟待思考。需要特别强调的是，务必坚持移动优先战略，全力建设具有强大引领力和传播力的新型主流媒体。充分学习新兴媒体的互联网思维进行深化创新，实现内容、技术、渠道和管理的一体化发展，放大一体效能。同时，强化技术驱动力，推动新媒体技术在新闻采编、分发及反馈等领域中的应用，如依托算法和人工智能技术赋能，实现信息的个性化定制和精准分发。通过有效的整合新媒体手段促进新老媒体深度融合，让新兴媒体的变量成为全媒体传播体系建设中的最大增量。

细数我国的媒体实践可以看出，在媒体形式和传播形态等方面，传统媒体和新媒体已经逐步嬗变为融合化媒体，双方界限模糊。在此情景下，弱化和淡化传统媒体和新媒体的边界已是大势所趋，无论是从"相加"阶段到"相融"阶段，还是从"坚持一体化发展"到"催化融合质变，放大一体效能"，最终目的都是使传统媒体和新媒体真正实现"融为一体，合而为一"。

从人民日报社到新华社等中央媒体在新老媒体融合转型、构建全媒体传播体系方面已迈出了重大步伐，而这种转型也正在下沉到基层。2018 年 11 月 14 日，习近平总书记主持召开中央全面深化改革委员会第五次会议，会议审议通过了一批重要事项，其中包括《关于加强县级融媒体中心建设的意见》。县级媒体资源不多，如果分散运营会不利于媒体发展。根据中央的部署，组建县级融媒体中心，将县级媒体资源加以整合，有利于做大做强地方主流媒体。事实上，已有一些县级媒体在全媒体传播体系打造方面进行了探索，为县级融媒体中心建设起到了示范作用。比如，浙江长兴传媒集团就是集广播、电视、报刊、网站为一体的全媒体集团。2011 年 4 月 15 日，浙江长兴传媒集团由长兴县广播电视台、长兴宣传信息中心、长兴县委报道组、"中国长兴"政府门户网站（新闻版块）整合组建而成，拥有三个不同定位的 App，并自运营和代运营 27 个微信公众号。该集团将全媒体新闻集成平台升级为融媒体平台，再优化为融媒体中心，搭建并启用融媒眼智慧平台系统。

长兴模式，不仅强化了新闻内容的传播影响力，也通过泛内容创意找到商业变现路径。其创收模式为：文化创意、大型活动、主题会展等新型经营模式。例如，深度介入汽车、家装等行业产业链，每年举办家博会、车博会、年货节等会展；开展各种定制服务，结合乡镇特色发展以及全年农事节庆，承办各类活动；开展创新大赛，挖掘"少儿""艺考"等项目创收潜力。该集团创收年年上升，2011 年 1.36 亿元，2017 年 2.09 亿元，2018 年 2.32 亿元。

二、商业平台是全媒体传播体系的组成部分

万物皆媒时代，涌现了一批具有传播属性的商业平台。这些平台具有强大

的聚拢用户的能力和内容分发能力，是不可忽略的传播力量。媒体尤其是主流媒体与商业平台可以优势互补，实现从单打独斗到合作共赢。管理部门对商业平台既要严格管理又要善于利用，让商业平台在构建全媒体传播体系中发挥其应有的作用。这项工作做好了，不仅可以扩大新闻内容的传播力，实现社会价值的最大化，还能借助商业平台打造泛内容创意产品，找到有效的商业模式。既有了社会价值，又有了商业价值，媒体做大做强的目标就能实现。

对于商业平台的作用及其与全媒体传播体系的关系，习近平总书记有过一番论述。2019 年 1 月 25 日上午，中共中央政治局就全媒体时代和媒体融合发展举行第十二次集体学习时，习近平总书记谈到，推动媒体融合发展、建设全媒体成为我们面临的一项紧迫课题。要统筹处理好传统媒体和新兴媒体、中央媒体和地方媒体、主流媒体和商业平台、大众化媒体和专业性媒体的关系，形成资源集约、结构合理、差异发展、协同高效的全媒体传播体系。我们从中可以领会到，无论是主流媒体还是别的媒体，乃至商业平台，都是全媒体传播体系的成员，都要为全媒体传播体系的构建助力。

商业平台具有强大的内容吸纳能力与内容分发能力。先界定一下，这里说到的商业平台指的不是那种纯购物的买卖平台，而是具有一定传播属性的平台。这些商业平台的传播功能，经历了由小到大、由弱到强的发展过程。

国家对媒体资质的管理是很严格的，在互联网技术未大发展之前，谁是媒体、赋予谁传播功能，边界是很清楚的。随着互联网新技术的大发展，媒体边界在逐渐消融中。那些有着强烈用户观念和对新闻传播有着强烈冲动的商业门户网站，要求得到新闻传播的"通行证"。从国家利益来说，将有影响力的主流新闻尽快传播出去并在更大范围内覆盖，应该是好事。从商业门户网站来看，它们从自身利益出发，期待通过新闻信息吸纳众多用户，为其以用户为导向的赢利模式作铺垫。有了这两方面的动因驱动，一批具有新闻资质的商业门户网站获批。口子一开，大量新闻信息涌向这些网站，形成了强大的平台传播影响力。商业门户网站的新闻资质是有限定的，只能使用新闻内容生产者即媒体机构发布的新闻，自己没有采访权。于是，它们有的会变着法子另开门路。比如，设立访谈室通过访谈的方式做新闻、与政府部门合作联合发布信息、应各类机构邀请进行现场直播等。当然，这依然是有限度的，因为它们的记者没有记者证，重要的采访现场是进不了的。除非是与媒体合作，以技术支持的名义进入。在新技术的推动下，社交媒体也变得异常活跃。活跃在社交媒体平台上的用户，包括官博、官微乃至各类自媒体，不仅成为重要的传播力量，还成为内容生产者。自媒体人分布在各个区域、各个岗位，随时随地发布或转发信息，而且相当多的是有新闻含量的信息。社交平台营造了内容生产大军。

人们接收信息的发布渠道越来越畅通了。从来自媒体型机构的发布、社交媒体交互型的发布，到当今大数据时代为用户"量身定做"的推送，也就是以今日头条为代表的推荐算法，让我们更便捷、更快速地接收到所需要的信息。虽然今日头条没有采访资质，但它们拥有大量的内容，其来源主要有三方面：与媒体签订版权协议，有偿取得媒体提供的大量信息；实施千人万元写作计划，形成一支创作队伍；吸纳各类机构和自媒体入驻，从中获取大量来自各个领域的资讯。有了各类机构和自媒体提供的大量内容，这就使今日头条将用户群进行细分，根据各人的喜好推送内容产品，满足用户的有效需求成为可能。我们从其发布内容产品的量和用户使用的数据就能明显感受到这一点。字节跳动公司 2019 年初公布了其旗下的部分产品情况，其中今日头条每天发布的内容达 60万条，每天内容阅读/播放量超过 50 亿次。2019 年 1 月 22 日，中国新闻史学会应用新闻传播学会发布了《媒体抖音元年：2018 发展研究报告》，这是字节跳动公司的抖音 App 上线以来发布的首份"媒体抖音年度报告"。该报告显示，2018 年抖音上经过认证的媒体账号超过 1 340 个，累计发布短视频超过 15 万条，累计播放次数超过 775.6 亿，累计获赞次数超过 26.3 亿。

新技术将智能传播赋予各种平台和物体，非媒体商业平台也在跨界做媒体在做的一些事。我们不能以狭隘的眼光来看待商业平台的发展，应跳出商业平台来看其为新闻传播影响力带来的推动。就拿商业平台做短视频来说，其不仅体现出内容传播渠道的变革，还可以反映出普通人的喜怒哀乐。普通人通过自身努力有可能成为短视频的主角，如果其制作的内容带来了巨大流量，那么，其言行便会对社会公众产生一定的影响，带来不可量化的社会价值。因此，短视频的发展可将民众与社会的命运紧密联系起来。当今信息资源的采集和传播既有媒体的贡献，也有商业平台的功劳。我们必须正视这一现实，承认具有传播属性的商业平台也是全媒体传播体系的成员。

三、借助商业平台进行内容运营，将传媒业做大做强

借助商业平台进行内容运营之"内容"，包括新闻内容和泛内容。由于商

业平台有大量的用户，并具有先进的技术、渠道，借助它们的力量，不仅可以提升新闻内容的传播影响力，也可以更好地进行泛内容运营，探索新的商业模式。

（一）"内容商"与"渠道商"应共同营造良好的内容生态

在中国语境下，媒体融合的关键在于主流媒体在网上要强化内容传播影响力，在引导舆论中占有主导地位。习近平总书记指出："要运用信息革命成果，推动媒体融合向纵深发展，做大做强主流舆论，巩固全党全国人民团结奋斗的共同思想基础。"对体制内媒体和商业平台之间关系的认知需要建立在这一原则基础上。明确"做大做强主流舆论"的基本原则是一切合作的条件，官媒担负的重要责任在互联网环境中只能继续加强。当前体制内媒体和商业平台之间的关系，应是在主流媒体牢牢掌握舆论场主动权和主导权前提下的合作、共生、互补关系。在此基础上，体制内媒体需要认识到互联网公司在媒体市场中的独特价值。

商业平台需要媒体的内容支撑，媒体也需要商业平台提供的平台、技术、渠道等方面的支持。双方应互相理解，强化合作，实现共赢。最终，通过全媒体传播体系各方成员的共同努力，将中国传媒业做强做大。

当然，商业平台与媒体会涉及利益关系的处理问题。毋庸讳言，媒体与商业平台有过比较激烈的对抗，直到今天不能说已完全解决矛盾，但已呈现互相取长补短、合作共赢的好态势。矛盾的发生起于新闻内容的版权之争。版权法学者保罗·戈斯汀认为，"著作权从一开始就是技术之子"。近些年来，技术催生的各大商业互联网公司不断将触角向媒体领域深入，"技术赋权"现状为它们提供了更便捷自由的获取和使用原创内容的条件，这种版权格局和利益分配机制的失衡使内容支持的"内容商"和技术支持的"渠道商"纷争不断。客观来说，主要责任在商业平台。靠内容支持的媒体（"内容商"）认为，靠技术支持的商业平台（"渠道商"）不尊重媒体付出的劳动，无偿占有媒体生产的内容。双方由此引发矛盾，有时甚至到了剑拔弩张的程度。媒体介入关于版权的维权行动，把一些互联网公司告上了法庭。这种法律战和舆论战相结合的激烈的版权争议已不是第一次了，实际上，媒体版权战争已持续了十余年之久。2014年6月，《广州日报》状告今日头条侵犯版权。随后，《楚天都市报》等传统媒体纷纷诉诸法律维护自身权益。更有以《新京报》为代表的多家媒体联合

·‥ ···

发动舆论攻势，发文抨击今日头条利用转码和深度链接等方式进行侵权的不正当竞争。一年后，《现代快报》因4篇稿件被今日头条无偿转载，将其主管公司北京字节跳动科技有限公司告上法庭，历时三年案件终于尘埃落定。江苏省最高人民法院作出终审判决：因未经授权转载，北京字节跳动科技有限公司被判赔偿经济损失10万元，另赔偿《现代快报》为维权支出的合理费用1.01万元。媒体被侵犯版权的案例屡见不鲜，《现代快报》的胜诉显然为规范网络转载提供了较好的判例，为那些"内容搬运工"敲响了警钟。一系列的维权事件发生之后，商业平台吸取了教训，强化了版权意识，与一批媒体签订了涉及内容转让的合同，版权之争逐步减少。

版权问题得到一定程度的解决之后，媒体应以理性的态度和更加开放的观念看待商业平台。商业互联网公司打造的强大平台，拥有巨大的用户量，媒体资源入驻毫无疑问会让这些平台如虎添翼。同时，商业平台对媒体的发展也有贡献。商业平台通过自媒体人交互式的传播，为媒体提供可资利用的信息或采访线索。媒体入驻之后，通过平台分发能将媒体生产的内容传播得更广，实现传播价值的最大化。媒体当然要尽可能打造强大的用户平台，把主动权掌握在自己手上。然而，相当多的媒体目前不容易做好。在这种情况下，媒体尤其是主流媒体借力商业寡头的技术或平台发展自己，是理性选择。中央广播电视总台台长、党组书记慎海雄接连会见BAT（百度、阿里巴巴、腾讯）负责人，正是释放广电媒体与强大商业平台合作的信号。2018年3月21日，慎海雄会见了百度公司董事长兼首席执行官李彦宏，表示希望双方建立更加紧密的关系，在已有的合作基础上，深入发掘更广阔的合作空间。在这之前，慎海雄还分别会见了腾讯公司董事会主席兼首席执行官马化腾和阿里巴巴集团董事局主席马云。中央广播电视总台掌握了海量的传播资源和重要的传播渠道，代表着传统广电媒体的最强实力，而百度、腾讯和阿里巴巴则是掌握着最新的互联网技术和拥有巨量用户的平台，代表着中国互联网界的顶级实力。这两者的合作必定大力促进广电媒体融合转型的发展。

正因为商业平台是全媒体传播体系的成员，因此国家管理部门对其既要严格管理，又要善于利用。媒体资质没有大放开，但商业平台的传播是开放的。作为国家管理部门，其职责自然是要确保新闻传播事业健康有序发展，根本目的就是要巩固和发展主流舆论阵地，以良好的价值观引导社会向前发展。为此，当然要出台政策、制定条例，对媒体内容生产和信息传播进行规范管理。不仅要管好体制内的媒体，也要对体制外具有一定传播属性的商业平台进行有效管理。在严格管理方面，近年比较大的动作当属"内涵段子"被责令关停。

然而，商业平台具有不可忽视的巨大作用和传播影响力这一现实，对国家管理部门如何创新管理手段也是一个考验。其中的创新就是将政府机构、主流媒体发布的内容引入商业平台。2018 年 8 月 31 日，抖音短视频在北京举办政务媒体抖音号大会，联合包括生态环境部、国家卫生健康委员会、国资委等在内的 11 家政府、媒体机构，正式发布政务媒体抖音账号成长计划。特别引人注目的是，此次大会是在国家网信办移动局和北京市网信办指导下进行的。让政务媒体进入用户量大的传播平台，不仅有助于实现政府预期的传播效果，而且对传播主流价值观，净化网络视频空间，也有积极的作用。2018 年 5 月 3 日，北京市公安局反恐怖和特警总队在抖音上发布了一条以火热游戏《绝地求生》主题音乐——《98k》为背景音乐的日常训练短视频，一时间"燃爆"抖音，不到 12 小时就获得超过 250 万次的点赞和 7 万次的评论。

商业平台对政府机构内容的传播，曾经是传播"三级跳"的最后飞跃。在内容传播智能化、移动化还未到来之前，政府发布重要信息先是邀请持有记者证的传统媒体记者参加，新闻在传统媒体刊播，完成第一级传播。然后，传统媒体办的新媒体进行传播，完成第二级传播。最后，商业平台转发专业媒体的报道，进行第三级传播，广为扩散。随着新技术的发展、媒体格局的变化，根据移动优先的原则，如今传统媒体还未刊发就会在其新媒体上发出，许多用户会在移动终端看新闻，而且有部分传统媒体办的新媒体人员已持有记者证。所以，现在媒体与商业平台对政府发布的新闻的传播路径已有所改变。首先是政府自身的新媒体发布平台、传统媒体办的新媒体进行发布，报纸等传统媒体跟进。如果是现场直播，广播电视也会在第一时间发布。继而，接收到信息的各类自媒体会转发；与传统媒体及其办的新媒体有合约的商业平台，也会迅速转发。由于许多政务机构新媒体已入驻"头条号"等，这就使得商业平台有可能在第一时间按推荐算法推送给需要的用户。"三级跳"的传播格局已被打破。善于用好商业平台传播，将官方舆论场与商业平台的民间舆论场的传播相结合，已成为政务传播的重要路径。

（二）在内容产品生产中，共同打造全新利益链条

商业互联网公司先天的赢利思维和市场模式决定了用户本位的发展路径，

高度市场感知和依托推荐算法等技术实现的精准分发，保证了其对用户需求和用户行为的有效把控。另外，有学者认为，移动传播的本质在于场景与信息的适配，且场景本身可能成为移动媒体的新入口，互联网公司搭建的庞大生态系统包含了社交、娱乐、游戏等领域，几乎涉及了所有日常生活场景，大量的场景意味着大量的媒介触点，或有可能在实现广泛触达的同时形成受众情感与信息的"强连接"。加之传播渠道下沉策略的实行让这些互联网公司成功将触角深入乡镇和农村，聚集了庞大的用户群，这与全媒体传播体系建设中"将媒体传播向基层拓展，向楼宇延伸，向群众靠近"的要求不谋而合。更不用说，商业互联网公司掌握的大数据实现了全网实时监控，满足了主流媒体第一时间了解舆情、获取新闻线索的需要。其所拥有的前沿技术也在深刻影响着未来的媒体形态，随着人工智能应用升级，AR 直播眼镜和 AI 助理记者等爆款的出现，证明了技术对新闻领域的重要价值。因此，媒体选择在某种新技术或新领域中与有独特优势的互联网公司联姻以实现技术赋能，无疑比自己苦苦寻找出路好。"官媒＋商业互联网公司"的跨界合作模式，可以借力互联网公司加速全媒体转型。

当前体制内媒体和商业平台的基本关系已经明确，而对于双方，尤其是受赢利驱动的商业平台而言，利益是合作的基础。寻找新的合作模式实现共赢，需要找到共同利益的切入口。

对商业平台而言，在新闻内容、泛内容大行其道的大环境下，对信息流的竞争实际上更是对未来互联网市场的争夺，但以今日头条为代表的商业互联网新闻聚合平台内容创造力薄弱，对其长远发展规划并无益处。更重要的是，当前互联网时代媒介形态与赢利模式发生变迁，互联网公司扩大商业版图需要在媒介融合中实现以场景媒体为入口、内容媒体贡献价值、社交媒体引爆流行的赢利模式，构建信息流、人流和物流的三方深入连接，进而形成一个人、内容与品牌三足鼎立、深度依存的封闭性链条。可以说，各大互联网巨头对媒体领域的明显企图，以及短期内仍无法在新闻内容生产方面比量传统媒体和搜狐等资深门户网站的现实状况，促使其加快向内容媒体渗透。而与官媒合作除了可以得到优质权威内容支持之外，也是更权威的背书。在构建全媒体传播体系、打造新型主流媒体的媒体语境和国家监管压力下，商业互联网公司维持龙头地位需要为技术和平台赋予主流核心价值观，直面企业社会责任，实现正能量输出。

对于具有强大内容生产力的体制内媒体而言，当前的主要诉求在于借助互联网优势与用户重建连接，重新掌握舆论主导权。CNNIC 发布的第 44 次《中国互联网络发展状况统计报告》显示，社交媒体使用规模仍保持增长趋势，传播影响力持续上升。有研究发现，社交媒体已在世界范围内成为公众获取新闻的主要渠道。此外，社交媒体时代下，每个用户都是一个网络节点，成为传播路径中的一个开关，决定了信息最终的传播覆盖面。因此，媒体要确立以用户为中心的传播理念。我们还要看到，社交媒体赋予的人际关系网使每个网络节点相互产生影响，在不断的交流中形成新一轮的信息传播。这种以个人为中心、以关系为连接的网状传播形态有助于新闻信息和目标受众产生深层次的情感连接，人们通过社交媒体自发地进行信息生产、获取、分享和交流反馈，表现出了具有高度互动性、自发性和即时性的信息生产传播行为。这不仅大大提升了信息传播的有效性，也意味着商业平台的背后是高用户流量和强用户黏性，人在哪里，新闻舆论的阵地就在哪里，新闻生产最终要实现与用户的连接和互动。除了以"两微"为代表的社交媒体平台外，今日头条、一点资讯等商业聚合平台也拥有巨大的用户规模，并保持着持续增长的走势。利用现有用户巨大的非媒体平台设置传播渠道，或能使传播信息更快、更有效落地，重新与用户接轨。

当然，媒体也要处理好"造船"与"借船"的关系。通过自主"造船"，媒体能够以生产的高质量内容为契机，将用户引流到自己的领域"圈地"，创造出与用户的深层连接，聚集一批忠诚的社群粉丝，进而使媒体可以精准地将传播影响力的触角深入到其固有区域的忠实受众群体中，形成高度稳定的用户黏性。此外，拥有自主可控平台意味着拥有了自身的用户数据库和内容资源库，在不断吸引各种优势资源和传播主体聚合的同时，用户再次聚集。然而，短期内商业平台在互联网信息分发领域中的龙头地位不会改变，建设新型主流媒体仍需要继续"借船"，借力商业寡头平台加强内容传播。

媒体与商业平台这种双向需求促使双方在内容、技术和产品多层面展开深度合作，以优势补短板，找到利益平衡点，共同打造出全新的利益链条。短期携手不是最终目的，而永续合作需要双方在交流、磨合中权衡利益分配机制。在现实激烈的行业竞争下，体制内媒体和商业互联网公司应抓住政府大力促进媒体融合、鼓励传统媒体与新媒体一体发展的好时机，不断创造新媒体环境下的新商业合作模式，进一步扩大合作领域，在共赢中为发展中国传媒业作出贡献。

边界消融：重构内容变现与
产品运营路径

…… ……

　　媒体转型中既有固有模式的消解，又有新生的跨界业务在融合生成。在这种消融的环境中，非媒体的商业平台却在做新闻传播的事；而媒体则在改变原有的生产和运营模式，甚至不得不做非媒体的事。媒体重构内容变现与产品运营路径，成为摆脱经营困境的必然选择。

　　媒体困境主要有两方面。一方面是平台传播力的困境。传统媒体及其创办的新媒体虽然生产了大量的内容，但众多用户并非是从内容生产者平台上看到的。自身平台影响力弱带来了另一个方面的问题，即媒体经营陷入困境。媒体经营自然要讲变现能力，变现能力强才能出利润。传统媒体时代的纸媒经营主要有三大项：发行、广告、印刷。绝大部分纸媒的发行和印刷是赔本的，如果有承担外印，报纸印刷可赚到钱。有的纸媒尤其是办得好的杂志定价高、发行量大，靠发行也能赚钱。传统媒体多年来经营变现就是靠广告，而广告是靠优质的新闻内容拉动的。因此，可称为"内容为王"。其"内容"不是别的内容，而是新闻内容，所以准确地说就是"新闻内容为王"。过去的年代，媒体的新闻内容主要是持证的媒体记者生产的，也是在其履职的媒体平台上先播发的，这种垄断地位决定其吸纳了众多媒体消费者的目光和广告投放者的关注。

　　当今，并非真正媒体的社交平台都有一大批自媒体人在生产和转发内容，更有不生产内容的商业互联网公司在构建吸纳内容和用户的平台，并运用推荐算法的方式为用户提供有效的信息服务。在大量信息内容聚拢到了商业平台的状态下，传统的"以新闻内容吸纳受众和广告客户目光，然后拉动广告经营"的二次销售模式失灵了。即便过去靠发行就能赚到钱的优质杂志，也碰到困境。这类杂志发行量再大，放到互联网信息的汪洋大海中也是微不足道的，况且杂志的优质内容也很快被人放到网上，造成读者大量流失。有的百万以上发行量的杂志竟然跌至不到二十万。

　　媒体经营的出路在哪里？

　　从经营新闻内容到经营泛内容，而且内容后面还要加上"创意产品"四个字。

　　泛内容产品运营依然以内容为核心，只是属于非新闻类的内容。泛内容在向内容创意产品延展中搭建起泛内容商业平台。在此过程中，媒体应做到"跳出媒体看产业，跳进产业看媒体"。在"两跳"中，可以发现媒体与产业关联的项目、产品异常多。以产业融合的视角去寻找符合媒体的多元变现路径，有助于媒体从经营困境中突围。

"边界消融"，其实也有边界。作为媒体应做更接近媒体的相关多元经营，将做新闻的能力自然延伸到泛内容产品创意领域，即"传媒＋项目"，乃至延伸到相关产业，才更符合转型的要求，也更有意义，更能实现预想的目标。

泛内容创意产品包括舆情分析、数据产品、评估监测、智库服务、文化展会、项目运营等。即便仍在坚持的广告经营也要赋予新的创意内涵，比如借助人工智能或线上线下有创意的联动圈住特定的人群，将"广告"变成"窄告"。

在传统媒体转型搭建的商业生态系统中，传统媒体凭借多年积累形成的品牌效应，既有利于生产泛内容创意产品，也是媒体资源和品牌延伸发展的基础。高水平的运营者能够有效地击中用户痛点，生产出具有创意的泛内容产品来实现短期的商业价值变现；对传统品牌进行产业拓展来实现中期的商业价值变现；通过媒体转型升级来实现长期的商业价值变现。

最终建立起来的新型融媒体平台乃至全媒体传播体系，既有强大的现代传播力，又能构建起媒体商业模式。两者联动，共同推进，从而做大做强中国传媒业。

暨南文库·新闻传播学
第一辑书目